普通高等教育"十二五"规划教材

大学生职业发展与就业指导课程丛书

大学生就业指导 与创业教育训练教程

主　编　李业旗　　王志宇

副主编　杨文龙　　王春阁

　　　　李东福　　鞠　鹏

科学出版社

北　京

内 容 简 介

本书依循教育部大学生职业发展教育教学理念，以大学生就业指导与创业教育为核心内容，结合当代大学生的特点，以培养新型人才为教学目标，重点训练大学生通往社会职场应该具备的就业能力和创业素质。

本书旨在满足普通高校开设就业指导与创业教育课程的教学要求，各模块内容按照提出问题、分析问题与解决问题的逻辑顺序编排。每个模块都设置了"学习目标"、"课后思考"；每个训练环节根据内容灵活安排了"案例分享"、"案例讨论"、"拓展练习"、"理论认知"、"深度阅读"、"总结训练"、"专家提示"等互动训练内容，引导学生进行分析、思考，拓展学习能力。本书案例丰富，视野开阔，实用性强。

本书既有利于教师作教学参考，更有利于大学生进行自我训练。

图书在版编目（CIP）数据

大学生就业指导与创业教育训练教程/李业旗，王志宇主编．—北京：科学出版社，2012

（大学生职业发展与就业指导课程丛书）

普通高等教育"十二五"规划教材

ISBN　978-7-03-036290-2

Ⅰ.①大…　Ⅱ.①李…②王…　Ⅲ.①大学生-职业选择-高等学校-教材　②大学生-创业教育-高等学校-教材　Ⅳ.①G647.38②G640

中国版本图书馆 CIP 数据核字（2012）第 314317 号

责任编辑：石　悦／责任校对：郭瑞芝
责任印制：阎　磊／封面设计：华路天然设计工作室

科学出版社 出版
北京东黄城根北街 16 号
邮政编码：100717
http://www.sciencep.com

北京市安泰印刷厂 印刷
科学出版社发行　各地新华书店经销
*
2012 年 12 月第　一　版　　开本：720×1000 1/16
2015 年 8 月第六次印刷　　印张：13
字数：249 000
定价：23.00 元

（如有印装质量问题，我社负责调换）

序

高校毕业生的就业关系到高等教育人才培养的"出口"问题，关系到广大毕业生的切身利益和发展前途，也关系到社会的发展与稳定。在全社会方方面面都面临就业问题的形势下，党中央、国务院提出了"把高校毕业生就业摆在当前就业工作首位"，体现了党和国家对大学生就业的高度重视。指导和帮助大学生解决好就业问题，成为高等学校义不容辞的责任和义务。

在全社会就业压力较大的新形势下，要想有效解决大学生就业"难题"，除了发展经济、落实政策制度保障、提高人才培养质量以外，还需要全面加强对大学生的职业指导、就业服务和创业教育。长春工业大学多年来十分重视学生的就业工作，从调整专业设置、提高培养质量、加强就业指导、建设就业基地等多方面入手，学校有关单位和部门齐抓共管，使就业工作取得了很好的成效。2009年荣获"全国普通高校毕业生就业工作先进集体"，2010年被教育部评为"全国首批 50 所就业典型经验高校"。多年来，学校有多位教师热心于大学生的就业指导工作，李业旗老师就是一位典型的代表。从 2010 年起他在多年的实践基础上组织部分长期从事教学和就业指导、创业教育工作的教师着手编写《大学生就业指导与创业教育训练教程》一书，历经两年多的时间，数易其稿，形成了现在的版本。较之同类著作，该书具有以下鲜明特点：一是结构合理，逻辑清晰。该书根据大学生就业指导与创业教育的逻辑顺序，巧妙地把理论要点编排到各个训练模块中。二是注重实践训练，特色鲜明。该书没有过多地阐述理论原则，而是注重实践训练，大大提高了大学生就业指导与创业教育的针对性、有效性和可操作性。三是注重教学创新，案例鲜活。该书在体例设计上体现了"五步教学法"的理念，便于教学和学生自我训练。书中案例丰富，许多案例来自我校的人才培养实践和长期从事学生就业指导、创业教育工作的专家的经验总结。

该书既是一部教师开展大学生就业指导与创业教育训练的好教材，也是一部大学生进行自我训练的好参考书。相信该书的出版发行，能为从事这方面教学工作的教师提供有益的参考，能够为广大大学生朋友们带来理论和实践上的指导和帮助。

张德江

2012 年 10 月 15 日

前　言

为了更好地做好大学生就业指导和就业服务工作，培养大学生创业素质，全面落实教育部办公厅下发的《大学生职业发展与就业指导课程教学要求》，我们编写了本书。本书旨在帮助大学生提高就业能力，增强创业意识，为实现顺利择业、就业奠定坚实的基础。

在日常大学生就业指导与服务的工作实践中，学生们经常会提出诸如"我们怎么准备求职面试"、"大学生如何创业"等问题。面对就业，他们苦闷、彷徨，甚至在面试应聘时恐惧，对于创业更是不知所措。大学生如果能根据自己的职业规划目标，有计划地培养就业能力，及时了解大学生就业、创业政策，就不会出现上述问题。基于此，我们在总结长春工业大学和兄弟院校多年大学生就业指导工作经验的基础上，编写了本书。我们力争使本书具有较高的实用价值，并体现出自己的特色，能为从事大学生就业指导与创业教育工作的教师和大学生提供一本实用的教学用书和参考书。

本书由李业旗、王志宇任主编，杨文龙、王春阁、李东福、鞠鹏任副主编，张正坤、王秀颖和刘文佳协助完成全书的校稿等工作。全书由李业旗策划、设计、统稿和定稿。

全书共五个模块。第一模块为大学生就业与创业概述篇，由王志宇、李东福、鞠鹏、张建国编写；第二模块为大学生就业准备篇，由王志宇、李东福、王春阁、郭志伟编写；第三模块为大学生求职培训篇，由王志宇、李业旗、李东福、马旭编写；第四模块为大学生就业权益保护篇，由杨文龙、李东福、孙中宁编写；第五模块为大学生创业教育篇，由鞠鹏、马辉、李业旗、刘丽娟编写。

在本书的编写过程中，得到了长春工业大学校长张德江教授、党委副书记王忠教授、副校长胡明教授的亲切关怀和具体指导，没有他们的正确指导和大力支持，本书是很难完成的。同时，还得到了兄弟学校从事学生工作的老师们的关心和帮助，他们为我们提供了有价值的资料和成功的案例，在此深表谢意！在本书编写过程中，我们还参阅了大量的文献资料，凡参阅的文献资料均列于书后，为此特向文献资料的作者表示衷心的感谢！

由于作者水平有限，书中难免存在不足之处，敬请专家和读者批评指正。

李业旗

2012 年 10 月 15 日

目　　录

模块一　大学生就业与创业概述篇

 学习目标

（1）了解当前就业形势。
（2）积极调整就业观念。
（3）熟悉主要就业渠道的选择。
（4）了解创业的内涵和创业的意义。

训练一　大学生就业概述

案例分享

小王的困惑

小王已经大四了，正在忙着奔走于大大小小的招聘会，想找到一份自己心仪的工作。一个多月下来，虽然有几家公司经过综合的考核，打算和小王签订就业协议书，但是他对比自己的求职定位后，觉得这些机会距离自己满意的标准还相差甚远。这些天来，小王也很困惑，为什么适合自己的工作机会没有出现呢？是不是学校提供的机会太少了呢？他来到就业中心就这个困惑咨询相关的老师，想要找到问题的所在。

李老师接待了小王，了解了小王的来意以后，他问了小王一个问题："你自己满意的工作机会的标准是什么呢？"

小王说："首先，我是学汉语言文学的，不想放弃自己的专业方向，一定要找一份文字类相关的工作；其次，我和女朋友的关系非常好，她已经在兰州找到了一份工作，所以我也想找份在兰州的工作；再次，父母已经养育我 20 多年了，工作后想要自食其力，把自己的日常生活、娱乐、未来买房还月供等开销算在内，月工资怎么也不能低于 5000 元吧；我又特别爱旅游，所以工作还不能太忙，要能有更多的时间满足自己游历名山大川的要求……"

李老师听了小王的介绍后满头雾水，对小王说："你对未来的蓝图描绘得很美丽，但是这种定位适合你现实的选择了吗？你考虑过环境因素、竞争因素、机会因素等外部因素对你求职的影响了吗？不考虑外部因素的求职定位合理吗？"

案例讨论

　　（1）小王的求职定位是最适合他自己的，但真的是最好的选择吗？

_____

_____

_____

　　（2）李老师说的外部因素可能有哪些？

_____

_____

_____

　　（3）外部因素会如何影响个人的求职？

_____

_____

_____

拓展练习

　　请大家以 6～12 人为一组，讨论如下几个问题：
　　（1）小王自身在工作中存在什么样的问题？

_____

_____

_____

　　（2）我们的求职应该从哪一步开始？

_____

_____

_____

 理论认知

一、就 业 形 势

俗话说："男怕入错行"，可见人们对就业的关注程度，因为就业和个人的生涯发展紧密相关。经过数载寒窗苦读的大学生在毕业之后，能否找到自己理想的工作，施展才华、实现抱负，是他们及其家庭非常关心的问题。同时，就业是国家政治经济是否景气的最重要指标。在全球处于经济复苏缓慢的今天，增加就业是各国面临的根本任务。温家宝总理于 2012 年 5 月 25 日主持召开国务院常务会议，研究部署进一步做好高校毕业生就业工作，要求继续把高校毕业生就业摆在就业工作的首位。今天的大学生应该如何认识形势，认识自己，已经成为就业之前不可回避的问题。

（一）大学生就业的有利宏观形势

（1）良好的宏观经济发展态势，为社会新增了就业机会。一般来说，国内生产总值（GDP）的升降可以直接地反映出就业率或者失业率的升降。GDP 的上升往往意味着就业人口的增加，对所有希望有稳定工作和收入的人都是好消息。国家的 GDP "保增长"确保了经济社会稳定，为就业稳定提供了有力保障。

（2）行业结构逐步优化，具备一定知识技能的大学毕业生会随着产业结构的优化升级，将更多地被用人单位吸纳和招聘。

（3）国家大力扶持中小企业发展的政策措施使中小企业吸纳就业的能力明显增强，提供了更多的就业机会。我国中小企业成长迅速，目前中小企业占全国GDP 总量的比率已经超过 50%，吸纳就业人员人数超过全社会就业人员人数的 75%。

（4）国家针对高校毕业生出台的就业政策为解决就业问题创造了有利条件。教育部部长袁贵仁就 2010 年就业工作指出，高等教育质量高低的一个重要体现就是毕业生就业状况。以社会需求为导向，推动新一轮高等教育改革进一步增强高等教育与经济社会发展需求的适应性。2011 年 6 月国务院办公厅印发的《国务院关于进一步做好普通高等学校毕业生就业工作的通知》（国发〔2011〕16号）对毕业生就业工作提出了更加切实可行的指导意见。

（二）大学生就业的不利宏观形势

（1）随着改革的深化，城乡一体化进程的加快，我国出现了城镇新增劳动力就业、下岗失业人员再就业和农村富余劳动力转移三种就业需求"合流"，在一

定程度上对高校毕业生造成冲击，使本来就存在的就业困难愈显突出。

（2）部分企业改制、采用高新技术等原因，企业对劳动力的需求呈下降趋势。例如，加工型企业高新技术在提高劳动生产率的基础上缩减了用人比率。

（3）全国高等学校招生规模扩大带来的负面影响。我国部分高等学校由于扩招造成毕业生人数的激增，相应教学资源紧张，使人才培养难以与社会发展需求实现有机结合，在一定程度上造成了高校毕业生的就业困境。例如，高校在调整专业设置时，忽视学校教学现状和特色学科，纷纷盲目开设所谓的热门专业，学生也争相报考，导致大家一起争抢相似的就业机会，产生就业难题。

（4）毕业生择业观念较为传统，普遍倾向于党政机关、国有企业、事业单位、外资企业等较为"体面"的工作岗位，从而忽略了其他就业渠道。仅以参加2011年国家公务员考试报名情况为例，全国共计1294520人通过报名审核，其中大部分考生为高校毕业生中的职业"考碗族"。

（5）各城市地区发展的不均衡，造成高校毕业生"扎堆"大中型城市和发达地区的现象严重。北京、上海、东南沿海等一、二线发达地区成为毕业生择业时追逐的目标。经济不发达地区（特别是西部地区）很难对大学生形成有效需求，同时在较长的时期内，地区性的有效需求不足的局面也将难以改变，从而对扩大高校毕业生的市场需求是一个不利因素。虽然国家实施西部大开发计划会产生大量需求，但由于不发达地区所能提供的刺激因素（如工资收入和发展机遇）不足以构成吸引大学生人力资本投入的有效动因，因而，无法很好地实现供求的有机结合。

（6）人才培养周期性与市场需求即时性之间的矛盾日益显现。从社会需求和就业的关系看，专业结构、招生规模与社会的需求相一致，是解决高校毕业生就业难的根本途径。随着我国科学技术的发展、经济结构的调整、产业结构的升级、专业热点也在不断变化，只有根据市场需求变化提前准确预测，不断调整招生规模和专业设置，专业人才培养与产业对人才的需求达到平衡，才能从源头上破解毕业生就业的结构性难题。但人才培养需要经过四年的周期性，而不是即时产出，这就导致了人才培养与社会需求的时效性错位，进一步加剧了毕业生就业的难度。

（7）专业间的同质化现象严重。随着高校扩招后若干年的变化，原本工学、医学、师范类等高校都在大踏步地朝着多学科、多专业的综合型大学方向发展。中国科学评价研究中心在《2006大学评价报告》中首次对667所中国大学的本科专业进行全面评价，发现：超过60%的高校开设英语、计算机和法学专业；开设英语专业的高校超过80%；有384所高校开设国际经济与贸易专业；有382所高校开设艺术设计专业；有382所高校开设会计学专业；有370所高校开设信息与计算科学专业；有367所高校开设电子信息工程专业；有361所高校开设市场营销专业；有 356 所高校开设工商管理专业。可见，在一些专业上，供大于求的现象绝不是空穴来风。

二、毕业生就业特点

据权威数据显示，我国 2009 年毕业生人数达 574.3 万，2010 年达 575.4 万，2011 年达 660 万。那么，这些毕业生究竟流向哪里了呢？下面让我们以权威就业研究机构麦可思研究院提供的《2010 年中国大学生就业报告》、《2011 年中国大学生就业报告》两篇研究报告为例，全面分析一下近年全国大学生的就业形势。

1. 全国高校 2009 届毕业生就业相关数据及分析

（1）2009 届大学毕业生毕业半年后的就业率是 86.6%，比 2008 届（85.6%）高 1 个百分点，比 2007 届（87.5%）低 0.9 个百分点，约 1/3 以上的就业是在毕业后半年内实现的；2009 届有半职工作的比例为 1.5%。

（2）2009 届毕业生毕业后在国内外读研比例明显增加，"211"院校增加了约 2.5 个百分点，达到 13.5%；非"211"本科院校增加了 1.1 个百分点，达 8.4%。

（3）2009 届"211"院校毕业生毕业半年后的非失业率约为 91.2%，比 2008 届（90.1%）高了 1.1 个百分点，这一增长来源于读研而非就业，比 2007 届（93.5%）低了 2.3 个百分点。

（4）2009 届非"211"本科院校毕业生毕业半年后的就业率约为 87.4%，与 2008 届（87.3%）基本持平，比 2007 届（90.4%）低了 3 个百分点。

（5）2009 届高职高专院校毕业生毕业半年后的就业率约为 85.2%，比 2008 届（83.5%）高了 1.7 个百分点，比 2007 届（84.1%）高了 1.1 个百分点。全国示范性高职院校 2009 届毕业生的就业率（88.1%）已经不低于非"211"本科院校（87.4%），高于非示范院校（84.3%）。民办院校的就业率最低（82.8%）。

（6）泛长江三角洲区域经济体，包括上海、江苏、浙江、江西、安徽，该区域 2009 届大学毕业生总体就业率（88.7%）最高。泛东北区域经济体，包括黑龙江、吉林、辽宁，该区域就业率（79.5%）最低。

（7）本科院校中的综合类院校就业率最高，理工类院校第二，体育类最低。高职高专院校中传统的财经类院校就业率最高，理工类院校第二，外语、政法类院校最低。

（8）据教育部公布的数据，中国 2009 届大学毕业生（本科、高职高专）总数约为 574.3 万，按本研究的抽样比例值推算，2009 届大学毕业生毕业半年后的就业人数约为 467 万人，毕业后立刻在国内外读研究生的人数为 27.8 万，专升本的人数为 7.5 万；在毕业半年后处于无业的 72.4 万大学毕业生中，有 54.2 万人还在继续寻找工作，有 5.5 万人无业但正在复习考研或准备留学，另有 12.7 万无工作、无学业、没有求职和求学行为者。

2. 全国高校 2010 届毕业生就业相关数据及分析

1）总体毕业去向分布

（1）2010 届大学毕业生中，83.5％的人毕业半年后受雇全职或半职工作，1.5％的人自主创业，有 9.9％的人处于失业状态，其中 1％的人准备在国内或国外读研，6.7％的人准备继续寻找工作，还有 2.2％的人放弃了继续求职和求学。2010 届全国大学毕业人数为 575.4 万，按本研究得出的比例推算，在毕业半年后调查时，有 480 万人受雇全职或半职工作，有 8 万余人自主创业，57 万人处于失业状态。

（2）2010 届大学毕业生在国内外读研的比例较 2009 届减少了 1.1 个百分点，而"无工作，继续找工作"的比例 2010 届比 2009 届减少了 2.7 个百分点。由于就业形势好转，2010 届大学毕业生有更多的人选择直接工作而不是一毕业就读研。需要注意的是，尽管 2010 届研究生扩招了 5.3％（《中华人民共和国 2009 年、2010 年国民经济和社会发展统计公报》），但 2010 届大学毕业生人数增加得更多（8.3％，《中华人民共和国 2009 年、2010 年国民经济和社会发展统计公报》），应届毕业生人数增加较快也可能是读研比例下降的原因之一。

2）各类型院校毕业生去向分布

（1）2010 届本科毕业生最大的变化是受雇全职工作的比例增加，2010 届（82.6％）比 2009 届（77.8％）增加了 4.8 个百分点，而在国内外读研的比例2010 届（7.6％）比 2009 届（9.4％）减少了 1.8 个百分点，"无工作，继续找工作"的比例 2010 届（4.7％）比 2009 届（7.4％）减少了 2.7 个百分点。

（2）2010 届"211"院校毕业生半年后在国内读研的比例比 2009 届略有减少（下降了 1.3 个百分点），而去往国外读研的比例 2008～2010 届呈现稳步递增状态，每届增加 0.6 个百分点。

（3）2010 届非"211"本科毕业生半年后在国内读研的比例较 2009 届减少了 1.8 个百分点，而 2010 届"无工作，继续找工作"的比例较 2009 届下降了2.8 个百分点。

（4）2010 届高职高专毕业生半年后受雇全职工作的比例（82.2％）比 2009 届（79.5％）增加了 2.7 个百分点；"无工作，继续找工作"的比例比 2009 届下降了 3.0 个百分点；毕业后直接读本科的比例 2010 届与 2009 届持平（均为 2.6％）。

3）就业地的分布

2010 届本科毕业生半年后就业区域主要集中在泛长江三角洲区域（包括上海、江苏、浙江、江西、安徽），占 26.0％；泛渤海湾区域（包括北京、天津、山东、河北、内蒙古、山西），占 24.5％；泛珠江三角洲区域（包括广东、广西、福建、海南），占 23.1％。2010 届高职高专毕业生半年后就业地也主要集中在这三个区域，所占比例依次是 26.8％、26.0％和 23.1％。

4）就业城市类型

2010 届大学生毕业半年后有 17％在直辖市就业，30％在副省级城市就业，53％在其他级别城市就业。其中，本科毕业生比高职高专毕业生在直辖市就业的比例高 6 个百分点（分别为 20％和 14％）。

3. 全国高校 2011 届毕业生就业相关分析

根据对 2011 届毕业生状况的定量分析可以得出如下初步结论：

（1）2011 届毕业生就业延续了 2010 届毕业生就业的整体趋势，毕业生社会需求呈现增长态势。

（2）用人单位难以招聘到"适合岗位的人才"，毕业生难以找到"满意的工作"——这种虽供需"两旺"，却供需"双难"的局面成为新出现的毕业生就业特点。

（3）环渤海湾区域、珠江三角洲区域、长江三角洲区域仍是吸纳 2011 届毕业生的主要地区。虽然这些经济热点城市的生活成本较高，"逃离北上广"的呼声日渐高涨，但是巨大的求职机会和较高的"人口红利"仍旧是吸引毕业生赴之就业的巨大动力。

所以，毕业生需要针对宏观就业形势、高校毕业生就业特点，调整就业心态，定位合理的就业期望值，才能够在就业的过程中增大求职成功概率，达到事半功倍的效果。

三、就业渠道的选择

从当前毕业生就业渠道选择来看，其主要分为信息获得渠道和求职成功使用渠道两种。

（一）信息获得渠道

现代社会蕴涵着极为丰富的信息，信息接触渠道影响着人们的信息感知。经国内权威人力资源服务机构调查，全国 2011 届毕业生日常接触的排在前三位的主要媒体是学校官方网站、门户网站、校园海报和单页，所占比例依次为 50.9％、46.8％和 41.3％，如图 1-1 所示。

图 1-1　全国 2011 届毕业生日常接触的主要媒体

（二）求职成功使用渠道

对某高校 2012 届毕业生求职成功使用的就业渠道进行的调查显示，校内专场招聘会、外校专场招聘会、就业洽谈月为毕业生成功求职的三个最主要渠道，如图 1-2 所示。

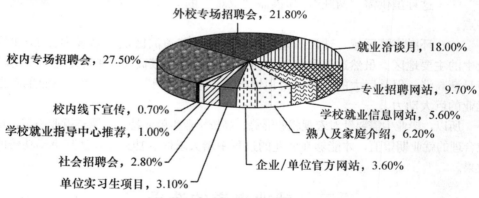

图 1-2　毕业生求职成功使用渠道

四、就业信息的收集

案例

某高校毕业生小薛，由于没有工作经验，参加了几次招聘会，都没能找到合适的工作。一天，他在路边小报上看到"某大型公司急聘业务员"的招聘广告，便前去应聘。他找到了这家公司后才发现，原来这只是一个专门推销洗化用品的销售点。负责招聘的人士称"虽然没有雇薪，但提成 10%，实行上不封顶。"当小薛正在犹豫时，该负责人告诉他，公司有不少员工的月收入均在 3000 元以上。小薛虽然半信半疑，但由于求职心切，决定试一试。一个月后，他实在吃不消每天都要提许多洗发水、洗面奶之类的东西走街串巷，逢人就进行推销，便决定辞职。当他向公司索取提成时，却被告之"自愿辞职，工资扣发"。小薛"病急乱投医"，对职业信息不加核实，盲目采用，结果白白地给人干了一个月的苦力。

小薛轻易相信了路边小报的广告，是他这次失败求职经历的第一个错误。可见，就业信息的收集，从源头上就影响着之后的过程，甚至是求职的结果。

1. 职业信息的内容

较完整的职业信息应包括以下几点：

（1）招聘单位的名称、性质、所属部门行业、所在地区情况、单位目前的基本情况和发展前景、招聘人数。

（2）招聘职位的具体工作内容、工作环境、劳动条件、工资和福利待遇。

（3）应聘该职位的条件，包括专业、学历、年龄、性别、生源要求、职业资格、技术等级、身体状况、心理素质等方面的要求。

（4）招聘过程环节，包括报名的时间、地点、方式，应准备的证件和材料（如个人简历、学历证书、职业资格证书、身份证等）。

2. 职业信息的分析处理

求职者在广泛收集职业信息的基础上，要结合自己的实际情况，依据国家、地区的政策和法规，对获取的原始信息进行有目的、有针对性地归纳，再进行整理、分析和选择，为求职决策提供保障。

1）如何筛选与利用职业信息

在政策允许的范围内，毕业生要对搜集到的用人信息进行筛选。筛选要建立在对自己全面、客观、公正的评价和对用人单位详细了解的基础之上。

（1）全面、客观、公正地认识自己。毕业生必须要对自己做出一个全面的认识和正确的自我评价。不但清楚自己想干什么，更要明白自己能干什么，要清楚自己的兴趣爱好、气质特点、性格特征、基本素质、专业知识、技术能力等，总之，要对自己的优点和缺点有正确的认识。

（2）充分了解用人单位的情况。用人单位的情况将直接影响到毕业生的职业选择，要充分了解其基本情况，包括单位准确的全称、单位的隶属关系、上级主管部门情况、联系方式（人事部门联系人、电话、通信地址、邮编等）、所有制性质、需要的专业、使用意图、具体工作岗位、福利待遇（工资、福利、奖金、保险、住房等）等。

作为用人单位，在人才交流活动中往往是宣扬自身的优势，少讲或不讲难言的"家丑"，这就需要毕业生事先对用人单位的情况进行充分的调查和了解，做到心中有数。否则，事后违约，不仅给用人单位造成损失，也会给自己带来时间、名誉、精力和财物等方面的损失。

2）审时度势，选定自己的择业目标

为了适应新形势，毕业生选定自己的择业目标时必须要审时度势，应遵循如下几个原则：

（1）所选职业是否顺应国家发展趋势。毕业生必须清醒地认识到，今天的热门专业，明天可能就要饱和了；今天的不发达地区，明天也许将成为我国经济建设的主战场。要用发展的眼光、长远的观点来指导自己的择业。

（2）单位是否有利于自己的发展。个人的成长与发展离不开所处的环境。有较高素质的职员、较好的学习条件和良好的人际关系的单位，才应该是择业的首选。

（3）区域是否适合自己。眼光不能只盯在经济特区、大城市和发达地区上，要根据自己的实际情况，做出切合自身实际的选择。

3）筛选和应用求职信息时应避免的问题

（1）从众行为。别人说哪里好，就往哪里跑；别人往哪里走，就往哪里凑热闹。

（2）轻信行为。一味盲从，认为亲友告诉的信息就一定可靠，报刊上的信息就是百分之百的准确，因而不做筛选就选择。

（3）模棱两可，举棋不定。陷入大量信息的旋涡中不能自拔，在眼花缭乱的信息面前，左思右想，犹犹豫豫，拿不定主意，其结果是落得"竹篮打水一场空"。

（4）急于求成。有些毕业生缺乏社会经验，到了人才市场就心慌意乱；有的自感择业条件不如人，怕找不到单位，因而一旦抓住信息，不经深思熟虑，就匆匆忙忙作决定；有的不慎重，没有广泛收集信息便作决定，而当获取新的信息后，便又要推翻已作的决定。

　　　　小张参加一场面试后，被面试官看中，让他前去单位试用。当他了解到单位离家较远时，就犹豫了。最后经同学开导，他终于决定去试用，但为时已晚，因为用人单位见小张一直不露面，以为他放弃了，便重新作了选择。

深思熟虑固然重要，但机会往往稍纵即逝。如果小张在作决定的过程中，随时与用人单位保持联系，为自己争取到更多的时间进行考虑，也许结果就不会如此了。

因为求职信息的有效期限比较短，而且有的信息是对全国各高校的毕业生公开的。一旦你的动作慢了，其他毕业生往往就会捷足先登。所以，毕业生在使用信息时，既不能盲目过急，也不能犹豫不决。

 深度阅读

不同的企业类型对求职的影响

对于毕业生从学校到工作的转换，部分高校缺乏系统的职业生涯规划与就业指导，导致学生或许有专业能力，但缺乏市场能力，如获取职业信息，展示专业能力，适应实际工作以及应对职业转换等能力。

那么影响当前大学生就业的因素还有哪些呢？

调查显示，首先，用人单位对大学生需求素质最看重的前5个指标是：专业知识与技艺；敬业精神；学习意愿、可塑性；沟通协调能力；基本的解决问题能力。专家表示，工作态度、敬业精神、职业道德、人际关系处理等非认知技能的缺乏是中国大学生就业最大的障碍。

除此之外，不同类型的企业对毕业生的需求素质和着重点也有相当大的差异，例如国有企业、私企和外资企业，三者之间就有着质的区别，下面我们共同来探讨一下。

一、国有企业用人标准

国有企业多年来一直是毕业生较为看重的就业渠道。由于国有企业的特点，使其在招聘毕业生时有着明显的国有企业特色。其中，最重要的还是其自上而下的人事制度，使其在招聘面试中过于中规中矩，因此在许多国有企业面试时一般对毕业生并不特别苛刻，但应聘者自由发挥的空间不大。近年来，随着国有企业改革的进一步深化，国有企业在人才引进上也逐步与市场接轨，人事制度的进一步完善使招聘毕业生的手段也日趋科学合理。

总体来讲，国有企业在招聘高校毕业生时主要还是注重学生在校学习的成绩与表现，如有良好的文字功底和计算机技能，英语要求过四级，计算机要求过二级等（除专业技术岗位外）。特别是曾经担任过学生干部、党员以及曾在校获得奖学金的学生往往更受国有企业的关注。在面试过程中，国有企业一般都会重点考查学生的政治素质与思想品德，了解应聘者是否能够踏踏实实在国有企业专心工作。

以应聘吉林省的大型国有企业东北工业集团为例，几乎参与面试的考官在面试时都会问到：你在学习方面有哪些优势？你了解东北工业集团吗？对于学习优势，主考官会根据应聘者所应聘的职位具体问基础课和专业课方面的情况，兴趣爱好，有无特长等问题；而如果应聘者对企业的各方面信息都很熟悉，在面试中

会更容易得到考官的青睐。

总结一些国有企业招聘程序，对国有企业面试的特点可以归纳为以下几个方面：

（1）面试往往由企业的人事主管参加，而由于国有企业体制的原因，人事主管往往就能决定对应聘者的取舍。因此能够通过第一批简历的淘汰之后闯入面试阶段，说明人事主管已对应聘者的素质进行了肯定，面试只是去进一步证实他们的这种判断。

（2）国有企业面试相当直接，许多问题都是直接切入主题，重点对面试者的专业能力进行考查，因此毕业生在面试前应该做好充分的准备，特别是对所应聘企业从事的业务应该有充分的认识，避免面试时给人专业知识不好的印象。

（3）国有企业面试的问题常常会夹杂一些个人家庭背景等问题，比如是否是独生子女，父母工作情况等，应聘者只要如实回答就行。

（4）国有企业的面试往往是一对几的面试，采取一问一答式，问题也是程式化，但由于面试人员多，有时会让人应接不暇，因此集中注意力听每一位面试人员的问题非常必要，如果来不及回答，也应向提问者有所表示，以示尊重。

（5）国有企业很少用英语面试，虽然现在许多国有企业也很在意应聘者的英语水平，但他们大多数看重其是否拥有国家英语四级或六级证书。

二、民营企业用人标准

现在的民营企业最看重的是什么？在同等条件下，什么样的人最有希望被录用呢？

（1）要了解应聘的岗位。在招聘会上，很多求职者特别是大学毕业生，自带的简历都是厚厚一沓，里面详细记录了自己在学校做出过的一些大大小小的成绩，获得的一些荣誉，策划过什么活动等。对于这类简历，不少民营企业招聘负责人表示费解。他们说，由于简历很多，因此不会有时间去仔细看这些东西。

事实上，招聘单位更感兴趣的是，你对要应聘的岗位有什么样的想法和打算。如果你对用人单位和要应聘的岗位能说出个子丑寅卯，招聘方就会对你感兴趣。

（2）要有吃苦精神。有的求职者一上来就问多少钱一个月，奖金多少，公司在城里还是郊区，员工福利待遇如何等。求职者的这种"理性"行为只会令招聘方反感。

某民营企业人事部经理感慨地说，天下没有免费的午餐，要有收获，首先得付出，但有的求职者好像不太明白这个道理。

这位人事部经理表示，大多数民营企业对员工都是采取按劳取酬的方法，想要高薪，就必须在工作中证明自己。企业会根据你创造的价值来制定你的薪水，即使刚开始少些，也不要紧，等你工作了一段时间，具备了讨价还价的资本，到时候来谈一样有用。记住，薪水和待遇不是一成不变的。

（3）"德"是制胜法宝。在同等条件下，什么样的求职者能脱颖而出得到民营企业的青睐呢？

一家民营企业老总说，"德"字最重要。这位老总表示，现在人才的定义包括两个方面，一是职业技能，二是职业道德。而职业道德的内容包括很多，如工作态度、敬业精神等。因此，具备一定素质、有团队精神、有奉献精神的求职者，将成为民营企业的首选。

人力资源专家指出，对于一家寻求发展的民营企业来说，员工的团队精神、服从大局意识比专业知识还要重要。那些只具备专业知识，而缺乏职业道德的人，不受民营企业青睐。

三、外资企业用人标准

（1）教育背景。许多外资企业要求员工具有本科或以上学历。比如程序开发、医药开发要求有硕士或更高的学历。虽然说有许多企业并不以学历为重，但从长远看，随着市场与职场竞争的加剧，企业对学历的要求呈渐升趋势。

（2）英语水平。大部分外资企业尤其是欧美企业对英语水平都有基本的要求，如简单的日常口语对话，以及阅读文件与撰写简单报告的能力；需要注意的是，外资企业在招聘人才时，一般不看求职者的外语四级、六级证书，而是有专门的语言测试，因为他们更重视应用。

（3）计算机应用能力。通常的办公室软件（如 Word，Excel，PowerPoint，Access），用于日常沟通的办公软件（如 Outlook，Exchange，Lotus Notes），行业专用软件（如 AutoCAD，Photoshop，FrontPage，Dream weaver，MS-Project）等成为基本的技能。还需要具有互联网应用技能，使用互联网完成基本的信息搜索等。

（4）外资企业也十分注重员工的操守，如诚实和责任感、团队意识、沟通能力、实干精神，工作效率、创新能力。

综上所述，毕业生需要结合自己的生涯规划，并根据目前的高校毕业生就业形势及各类特点，进行综合的就业定位，确定方向，才能未雨绸缪，走好求职的第一步。

总结训练

毕业生在求职之前，需要对就业形势有提前的了解和判断，推荐通过如下途径进行了解：

（1）专业的就业服务部门或机构。如学校的毕业生就业指导中心，各类地区的人才市场及就业服务局等部门。

　　（2）网络资源。如专业的调研分析报告，国家统计局经济数据公告，产业或行业发展报告等。

　　（3）往届毕业生和毕业班辅导员。

　　（4）各类目标用人单位的网站。

　　通过这些途径，我们会对自身的就业外部环境产生基本的认识，有利于大家更加合理地制定求职策略，提前谋划。

　　请大家根据自己的了解与调查，撰写《就业外部环境分析报告》。

_____

_____

_____

_____

_____

_____

_____

_____

_____

_____

_____

_____

_____

训练二　大学生创业概述

案例分享

　　李珥，某高校服装工程专业毕业生，在校期间学习成绩优异，尤其是在服装设计方面表现出较大的潜力，并连续获得一等奖学金，先后获得了"优秀学生干部"等称号。

　　他根据自己所学专业及职业定位，客观地为自己制定了职业发展规划。

　　(1) 首先，进入一家管理规范、质量要求较高的服装企业，利用一年的时间提升自身打板技术，熟悉产品的生产工艺过程。

　　(2) 当具备了一定打板能力后，再进入服装品牌企业，锻炼自己的设计水平。

　　(3) 毕业5年后进入一家知名服装品牌企业，充分发挥自己的设计能力，争取走上技术设计总监岗位，并承担管理工作，同时将男装设计确定为自己的发展方向。

　　(4) 在工作中不断总结经验，进一步完善自己，最终实现自己的创业目标——经营一家自己的男装品牌公司。

　　下面是李珥的实际职业生涯，首先进入了一家大型服装企业工作，在熟悉生产工艺过程、掌握一定的打板技术后，又先后在几家中国男装品牌公司拜师学艺。1999～2008年在浙江温州某服装集团有限公司担任设计总监。2009年1月，创办浙江温州某服装有限公司，担任总经理，走上了创业之路。

案例讨论

　　(1) 你是如何理解李珥的求学、职业发展和创业选择的？

_____

_____

_____

　　(2) 你认为职业生涯规划与创业有关系吗？

_____

_____

(3) 从以上案例分析，你认为创业成功的要素有哪些？

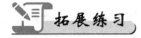 拓展练习

创业个性特征测验

从下列 32 组句子中，选择最能反映你个人观点的句子（A 或 B）。

(1) A. 工作一定要完成。

B. 我喜欢与优秀的朋友在一起，这样我能够获得他们对我的工作的见解和建议。

(2) A. 当我的责任增加时，我会感到更加快乐。

B. 我依靠运气把事情完成。

(3) A. 我绝不做任何可能使自己受损失的事情。

B. 对于如何赚钱的理解是进入商业的第一步。

(4) A. 不管是多好的事情，如果这件事情的失败可能使我招致嘲笑，我就不会冒险去做。

B. 除了工作之外，我还记挂别人的安排。

(5) A. 我会为自己开创的任何事业而努力。

B. 我只会做那些使我开心并有安全感的事情。

(6) A. 如果我失败了，别人会嘲笑我。

B. 尽管我对自己很有信心，我还是需要别人的建议。

(7) A. 在遇到困难时，我要去找到解决的办法。

B. 如果在新开创的事业中失败，我会继续目前的工作。

(8) A. 如果我觉得一个想法是好主意，我就会去实践这个想法。

B. 我能够比现在做得更好。

(9) A. 工作时，我会注意维系良好的人际关系。

B. 不管发生什么事，都是我从经历中学习的机会。

(10) A. 即使我的努力失败了，我也能从中学到东西。

B. 我喜欢舒适的生活。

(11) A. 我只会投资比赛或彩票，总有一天幸运会落在我头上的。

      B. 如果我在工作中失利，我会努力找出原因。

(12) A. 我会尊敬我的员工，并对他们一视同仁。

      B. 如果能有更好的工作，我就会离开现在的工作。

(13) A. 在实施一个新想法之前，我会慎重考虑。

      B. 如果我的家人突然生病，我将立刻奔赴医院，即使这会导致公司订单延误好几天。

(14) A. 只有当我拥有资本时，我才能够发展一个事业。

      B. 我希望能够自己作出重要决定。

(15) A. 当别人的好意和信任被背叛时，我不会坐视不理。

      B. 如果事情没有按照我的想法发展，我会寻求其他的替代机会。

(16) A. 我可以犯错误。

      B. 我非常喜欢与朋友谈天。

(17) A. 我希望我的钱能够安全的存在银行里。

      B. 我完全信任我的工作，同时我也了解它的优劣。

(18) A. 我希望我能拥有很多钱从而过上舒适的生活。

      B. 如果年长者建议我不要做某事，我将绝不会去做。

(19) A. 人们首先应该照顾自己的亲人和朋友。

      B. 如果我能维持公司场地清洁，这将帮助提高产品的质量。

(20) A. 即便可能使自己受损害，我也不会做让别人不开心的事情。

      B. 钱是事业发展的必需品。

(21) A. 我希望我的事业能够很快地发展起来，这样我就不会遇到经济紧张的困境。

      B. 我要清醒地认识到，不能因为不成功就责备自己。

(22) A. 我应该能够独立地按照自己的想法去做事。

      B. 只有为自己的未来积累了一大笔钱后我才会幸福。

(23) A. 如果我失败了，那主要会是别人的错。

      B. 我只会做那些让我感觉舒服且令我满意的事情。

(24) A. 在开始一份工作之前，我会认真考虑它是否会对我的声誉有不利的影响。

      B. 我希望自己能和别人一样，也买得起昂贵的东西。

(25) A. 我希望能有舒适的房子住。

      B. 我会从失败中吸取教训。

(26) A. 在做任何工作之前，我都要考虑它的长期影响。

      B. 我希望每件事情都按照我的想法进行。

(27) A. 金钱能够带来舒适，所以我的主要目标在于赚钱。

　　B. 我喜欢在能够经常见到朋友们的地方工作。

(28) A. 我了解自己正在做的事，我不怕受到别人的批评。

　　　B. 如果我失败了，我会觉得自己非常差劲。

(29) A. 我知道碰到困难是常有的事，我应该去做一些好的新工作。

　　　B. 在开始新工作之前，我会采纳有经验的朋友们的建议。

(30) A. 我的所有经历都会激励我前进。

　　　B. 我希望我能有很多钱。

(31) A. 我喜欢每天从容不迫，万事顺利，没有任何烦恼。

　　　B. 不管遇到多大的障碍，我都将努力达到目标。

(32) A. 我不喜欢别人无缘无故地干涉我做事。

　　　B. 为了赚钱我可以做任何事情。

　　个性特征测验评分：在以上32组句子中选择"A"或"B"，根据下面评分标准将每题所得分数相加，得出总分数。

(1) A为1分、B为2分　　　　(2) A为2分、B为1分

(3) A为0分、B为1分　　　　(4) A为0分、B为1分

(5) A为2分、B为1分　　　　(6) A为0分、B为2分

(7) A为2分、B为0分　　　　(8) A为1分、B为2分

(9) A为1分、B为2分　　　　(10) A为2分、B为1分

(11) A为0分、B为2分　　　(12) A为1分、B为1分

(13) A为2分、B为0分　　　(14) A为1分、B为1分

(15) A为1分、B为1分　　　(16) A为2分、B为1分

(17) A为0分、B为2分　　　(18) A为1分、B为0分

(19) A为0分、B为2分　　　(20) A为1分、B为2分

(21) A为1分、B为0分　　　(22) A为1分、B为1分

(23) A为0分、B为2分　　　(24) A为1分、B为1分

(25) A为1分、B为2分　　　(26) A为1分、B为1分

(27) A为1分、B为1分　　　(28) A为2分、B为0分

(29) A为0分、B为1分　　　(30) A为2分、B为1分

(31) A为1分、B为2分　　　(32) A为1分、B为0分

结果说明：

0～25分　说明你缺乏创业的个性特质。

26～36分　说明你的创业个性特质很一般。

37～47分　说明你具有一定的创业个性特质。

48分以上　说明你具备非常明显的创业个性特质，适合创业。

设计飞行器

形式：4 个人一组最佳。

类型：创造力，团队合作。

时间：30 分钟。

材料：每组废纸（A4）5 张，飞行器制作图，剪刀一把。

适用对象：参加团队建设及领导力训练的全体人员。

活动目的：发挥团队创造力。

操作程序：培训师将飞行器操作指导图形发给每位学员，而后让他们参照图形组合出最优秀的飞行器。

有关讨论：

（1）在小组中都出现了哪些好主意？

（2）小组成员对好主意的反应如何？

（3）你认为还有什么改进的地方？

理论认知

一、创业与创业者

（一）创业的内涵

香港创业学院院长张世平说，创业是一种劳动方式，是一种无中生有的财富现象，是一种需要创业者组织、运用服务、技术、器物作业的思考、推理、判断的行为。

创业是创业者通过发现和识别商业机会，成立活动组织，利用各种资源，提供产品和服务，以创造价值的过程。创业是一项系统工程，需要考虑人、财、物、进、销、存、竞争、市场细分、定位、管理体系、团队、财务、退出机制等等一系列的事情。

创业必须贡献时间、付出努力，承担相应的财务的、精神的和社会的风险，并获得金钱的回报、个人的满足和独立自主。

创业包括以下几个方面的基本特征：

（1）创业包括一个创造的过程，并创造某种有价值的新事物。这种新事物必须有价值，不仅对创业者本身有价值，而且对其开发的产品或服务的某些目标对象都是有价值的。

（2）创业需要贡献必要的时间，付出极大的努力。要完成整个创业过程，要创造有价值的新事物，需要大量的时间和努力。

（3）创业必须承担风险。一般情况下，依赖于创业的领域，创业的风险可能有各种不同的形式，包括市场风险、技术风险、财务风险、管理风险、精神风险、社会风险等。

（4）创业者获得报酬。对于企业家来说，获得利润是永远的动力，当然，对于创业者来说，获得独立自主和个人满足也是必要和重要的。

（5）创业是一个决策过程。创业现象的发生，首先基于风险和机会认知，进而形成创业行为和组织创业精神，创业者面临一个不断判断、选择的过程。

 深度阅读

雅虎创办人之一杨致远指出，创业者成功机会非常少，不管是在中国还是在美国，创业能够做到一个小成功，大概是十分之一，中成功是百分之一，大成功大概是万分之一。美国有统计表明，要成为企业家，失败率是99%，只有1%的企业家能在市场上生存5年或者更长时间。

既然创业成功的前景看起来如此暗淡，为什么还有众多的人选择了这条布满荆棘的路呢？首先，谋求生存乃至自我价值的实现可能是创业最主要的原动力；其次，如果你想要变得非常富有，开创自己的事业是最有希望实现致富的方式，很少有人靠为别人工作而变得惊人的富有；再次，创业使得创业者能够自己控制自己的工作，自己决定何时何地怎样工作；最后，即便创业失败，但是其所带来的有益经验会使创业者学会更好地应对失败，变得比以前更坚强，而这正是企业家所需要的品质之一。

（二）创业过程的关键要素

匹兹堡大学的戴卫·格耶瓦里博士和丹尼尔·弗葛尔教授，于1994年提出了创业行为过程的3个关键要素，即创业意愿、创业技能和创业机会。

1. 创业意愿

创业意愿是指一个人从潜在创业者变为实际创业者的期望程度。很多创业研究强调创业者心理和行为特质对创业意愿的影响。比如追求成就、具备创新能力和自律性、倾向于承担风险等。而个人特质不足以使人去创业，创业意愿受社会经济环境影响。

2. 创业技能

创业技能是指创建和管理新事业的技术与商业知识的能力。由于新企业容易遭到顾客、投资者的拒绝，所以创业者除了技术技巧与商业计划、产品开发等各种管理技能以外，还需要具备一些"政治性"公关和战略性筹划的能力。只有具备了创业技能，才能抓住进而启动新事业的创建和管理。

3. 创业机会

创业机会是指开创新事业的可能性以及通过自身努力达到创业成功的余地。在非管制经济、自由市场经济条件下，创业进入壁垒很少，创业机会较多。因此，政府政策与工作程序会影响创业机会，进而影响创业意愿的创业能力。

（三）创业者的概念和类型

创业者是创业的主体。创业者既可以是一个单独的个体，也可以是一个团队；既是新创企业的意志主体，又是行为主体。创业者涉及各行各业，他们创业的动机也千差万别。我们按照其创业内容进行划分，可分为生产型、管理型、市场型、科技型和金融型 5 种类型。

1. 生产型创业者

生产型创业者是指通过创办企业推出产品的创业者，这种产品通常科技含量较高。例如，爱多的创业是因为胡志标看到 VCD 能够打开中国家电市场的大门，而毅然投入这项事业的开发，充分利用各种资源，建立了一套非常有竞争力的经营模式，很快成为中国知名家电品牌之一。

2. 管理型创业者

管理型创业者是指那些综合能力较强的创业者，他们对专业知识并不十分精通，但能够通过各种有效的管理手段带动企业前进。例如，钢铁大王卡耐基，最初对钢铁生产知识知之甚少，但他看准了钢铁制造业的发展前景，迅速网罗人才进行创业，打造了自己的钢铁帝国。

3. 市场型创业者

市场型创业者的一个重要特点就是注重市场，善于把握机会。在中国改革开放以来，涌现出大批的市场型创业者。例如，海尔集团总裁张瑞敏，正是抓住市场转型期的大好机遇，才将海尔壮大。

4. 科技型创业者

科技型创业者多与高校和科研机构相关联，以高科技为依托创办企业。20世纪 80 年代后，为了鼓励科技成果转化为生产力，国家推出了一系列鼓励高等院校创办企业的措施。当今许多知名的高科技企业，前身就是原来的"校办企业"和科研院所的"所办企业"，例如北大方正、清华同方等。

5. 金融型创业者

金融型创业者实际上就是一种风险投资家，他们向企业提供的不仅是资金，更重要的是专业特长和管理经验。他们不仅参与企业经营方针的制定，而且还参与企业营销战略的制定、资本运营乃至人力资源管理。

二、中国大学生自主创业的现状分析

大学生自主创业就是大学生通过个人及组织的努力，利用所学到的知识、才能、技术和形成的各种能力，以自筹资金、技术入股、寻求合作等方式，在有限的环境中，努力创新、寻求机会、不断成长并创造价值的过程。

1. 自主创业参与者少、旁观者多

尽管中央和地方的政府机关、税务部门以及各个高校都对大学生自主创业给予了这样或那样的优惠条件，但是大学生参与的热情仍然不是很高，大部分人都处于观望的状态。大学生仍然把政府部门、大型国有企业和外资企业作为择业的首选目标，自主创业发展缓慢。

2. 创业产品过于简单化，技术含量不高

大学生在校参加的自主创业计划大赛中，大多数项目都是关于高新技术的。一旦学生毕业脱离学校后，要凭借个人之力创办高科技企业，往往显得势单力薄。一些风险投资公司也不愿意将资金投给学生所创办的公司，因为这样的公司往往规模小、风险大。因此，大多数毕业生在创业时选择的是启动资金较少、风险较小、容易操作的传统行业，例如，餐厅、咨询公司、零售业等。这种创业相对层次较低，没有太多技术含量，对大学生的管理能力和商务运作能力要求也不高。

3. 大学生实践能力不足，社会经验欠缺

缺乏市场意识及商业管理经验，是影响大学生成功创业的重要因素。学生创业最大的优势就是有好的思路，加上年轻，他们的创业相比社会人士的创业来说更富激情，更富理想，也更有干劲。但是，单纯由学生组成的创业团队往往严重缺乏经验，没有实际管理经验，市场观念淡薄，所掌握的管理理论往往是纸上谈兵，一旦涉及公司的实操运营，他们常常不知道如何制定切实有效的公司发展战略，采取怎样的管理方式才能提高效率，怎样进行市场推广。

4. 系统的创业教育有待加强

一些条件比较成熟的学校，尝试开设 KAB 创业课程，不仅帮助大学生了解取得经营资格的程序和筹措资金的渠道，了解经营方面的方法和原则，还帮助他们逐步建立创业意识和风险意识。西方国家的大学生创业教育发展了几十年，与之相比，我国的创业教育才刚刚开始。

5. 逐渐宽松的创业环境与国家政策支持

为了帮助大学生更好地自主创业，国家不断推出针对大学生创业的各种优惠

政策，鼓励和支持大学生自主创业。各地政府部门也都推出了针对大学生的创业园区、创业教育培训中心等，以鼓励大学生自主创业。部分高校也创立了自己的创业园，为学生创业提供支持。

深度阅读

有一天，某农夫的一头驴子，不小心掉进了一口枯井里，农夫绞尽脑汁想办法救驴子，但几个小时过去了，驴子还在井里痛苦地哀嚎着。最后，这位农夫决定放弃，他想这头驴子年纪大了，不值得大费周章去把它救出来，不过无论如何，这口井还是得填起来。于是农夫便请来左邻右舍帮忙一起将井中的驴子埋了，以免除它的痛苦。农夫的邻居们人手一把铲子，开始将泥土铲进枯井中。

当这头驴子了解到自己的处境时，刚开始哭得很凄惨。但出人意料的是，一会儿这头驴子就安静下来了。农夫好奇地探头往井底一看，出现在眼前的景象令他大吃一惊：当铲进井里的泥土落在驴子的背部时，驴子的反应令人称奇——它将泥土抖落在一旁，然后站到铲进的泥土堆上面！就这样，驴子将大家铲到它身上的泥土全数抖落在井底，然后再站上去。很快地，这只驴子便得意地上升到井口，然后在众人惊讶的表情中快步地跑开了！

事实上，我们在生活中所遭遇的种种困难、挫折就是加诸在我们身上的"泥土"。然而，换个角度看，它们也是一块块的垫脚石，只要我们锲而不舍地将它们抖落，然后站上去，那么即使是掉落到最深的井，我们也能安然地脱困。本来看似要活埋驴子的举动，由于驴子处理厄境的态度不同，实际上却帮助了它，这也是改变命运的要素之一。如果我们以肯定、沉着、稳重的态度面对困境，助力往往就潜藏在困境中。一切都决定于我们自己，我们要学习放下一切得失，勇往直前迈向理想。我们应该不断地建立信心、希望和无条件的爱，这些都是帮助我们从生命中的枯井脱困并找到自己的工具。

三、大学生创业的意义

创业不是被动地等待他人给自己"饭碗"，而是主动地为自己或他人创造"饭碗"，自主创业已经成为大学生就业过程中的一种新的选择和新的出路。大学生创业具有以下几个方面的意义。

1. 与兴趣相结合，实现人生价值

大学毕业生通过自主创业，可以把兴趣与职业紧密结合，实现人生价值。大学毕业生自主创业与就业不同，他可以做自己最感兴趣、最愿意做和自己认为最值得做的事情。在自己创办的事业里"海阔凭鱼跃，天高任鸟飞"，最大限度地

发挥才能，实现个人价值。

2. 锻炼能力，培养意志品质

自主创业，有利于培养大学生的自立自强意识、风险意识、拼搏精神和艰苦奋斗的作风。在创业过程中，困难和挫折，甚至失败都在所难免，这就要求自主创业的大学生培养顽强的意志和良好的品格，勇于承担风险，独立自强，艰苦奋斗。

3. 造就管理人才

自主创业有助于为国家造就一批年轻的企业管理人才。大学生创业的艰苦过程，不仅磨炼了创业者的意志品质，培养了创业者的市场观念，还训练了他们的决策管理能力，这种过程有助于为国家造就年轻管理人才。

4. 缓解就业压力

大学生自主创业不仅解决了大学生自身的就业问题，而且还为社会创造了就业岗位，解决了他人的就业，缓解了国家的就业压力。大学生创业无论对个人还是社会，都具有积极的意义。

 总结训练

一、国家及地方相关部门制定并出台了很多与大学生创业相关的政策，同学们可以查一查，增进对创业政策的了解，为以后创业做好铺垫。

（1）《国务院关于做好当前紧急形势下就业工作的通知》（国发〔2009〕4 号 2009 年 2 月 10 日）。

（2）《国务院常务会议关于采取七条措施促进大学生就业的决定》（2009 年 1 月 7 日）。

（3）国务院办公厅转发人力资源社会保障部等部门《关于租金以创业带动就业工作的指导意见》的通知（国办发〔2008〕111 号 2008 年 9 月 26 日）。

（4）相关部委或地方与大学生创业贷款相关规定如下：①大学生创业贷款优惠政策；②大学生创业贷款要求；③大学生创业贷款申请资料。

二、仔细阅读以下案例，说说对你有哪些启发？对其问题，你有何改进的建议？

李某等 5 人，均为某大学自动化专业的本科学生，曾参加学校的创业计划大赛，虽然比赛结果并不突出，但却激发了他们的创业热情。李某提出成立电脑服务公司，主要做组装电脑的导购、电脑及配件的待售、电脑故障维修等服务。他的想法得到了其他同学的响应。通过商议，李某出资 3000 元，其他人每人出资 2000 元，共计 1.1 万元启动资金。每位同学根据自身特点和专业特长，分块负责公司的各项业务。由于关系良好，平常的工作量和业绩不直接与利益挂钩，而采取平均分配利润的方式。公司一年多来，业绩尚可，已经收回投资，并逐渐开始赢利。在经营中，公司成员发现自身存在很多不足，于是有意识地参加了一些管理知识和专业技能的培训，公司承担部分培训费用。现在公司准备搬迁至位置较好的商业区，但资金不足。

请思考：

（1）你是如何理解创业的？

（2）大学生创业意义何在？

（3）如何理解创业精神？

（4）大学生应该培养哪些创业能力？如何培养？

专家提示

阿里巴巴在路上发现小金子，如果不断捡起来，身上装满的时候就会走不动，永远到不了金矿的山顶；还是不管小金子直奔山顶。

——马云

这个世界并不在乎你的自尊，只在乎你做出来的成绩，然后再去强调你的感受。

——比尔·盖茨

创业要找最合适的人，不一定要找最成功的人！

——马云

生活是公平的，哪怕吃了很多苦，只要你坚持下去，一定会有收获，即使最后失败了，你也获得了别人不具备的经历。

——马云

无论干什么，都要趁早。在 20% 的人做的时候做，在 80% 的人做的时候退，不走寻常路。成功者做出的每一个异于常人的决策，都要有过人的胆识与魄力。

 课后思考

（1）大学毕业后的选择有很多，如何合理定位自己，明确自己的意向呢？

_____

_____

_____

（2）面对就业压力，我们应该树立怎样的就业观？选择怎样的就业方向？

_____

_____

_____

（3）收集并阅读一些创业成功者的故事，对比自己的经验和阅历，考虑是否有可以借鉴和参考的地方。

_____

_____

_____

（4）思考身边有哪些创业机会？与同学或朋友一起讨论你想到的这些创业机会。

_____

_____

_____

模块二　大学生就业准备篇

训练三　梳理自身优势

（1）了解就业前物质准备与心理准备的必要。
（2）熟悉求职前需做哪些方面的准备及心理的调适。
（3）掌握物质及心理准备的基本方法。

林小竹的"概率论"

林小竹同学躺在床上呵呵地傻笑，他在想面对当前严峻的就业形势，必须得给自己制定一套求职的策略。他今晚突发奇想：一个个参加宣讲会和招聘会太费事也太麻烦，总共一个月下来也见不了几家公司。如果利用网络和洽谈会海投简历，譬如一次投出 200 份简历，从概率上来讲也会高于参加宣讲会吧！林小竹庆幸地傻笑出来，得意自己的新发现。

林小竹于是制作了 200 份简历，在一次综合洽谈会上一口气都投了出去，匆匆回到学校，边吃着冰淇淋边等待着胜利的喜讯。

不料，两天时间过去了，竟然没有一家公司给他面试通知。正在绝望之时，突然电话铃声响起，一家公司终于有了回应：

"请问是林小竹吗？"

"是啊，是我"

"我们是×××公司的工作人员，前天你投了我们一份简历……"

"哦，是的是的，是不是招聘饲料营销岗位的那家公司呀……"

"嗯……对不起……我们是做大豆产品深加工的！不做饲料，看来你不适合这个岗位，打扰了。"

"……"

林小竹失去了唯一的一次机会……

案例讨论

（1）林小竹为什么失去了唯一的一次机会？

_____

_____

_____

（2）林小竹的"概率论"最终为什么没有奏效？

_____

_____

_____

拓展练习

请大家以 6～12 人为一组，讨论如下几个问题：

（1）就业之前要做准备吗？

_____

_____

_____

（2）我们需要做哪些就业准备？

_____

_____

_____

理论认知

求职与招聘是相对而生的行为，求职是毕业生的人生大事，招聘是用人单位选拔人才、实现人力资源储备与应用的主要手段。所以，对于毕业生自身来讲，求职准备不单是其自身的内在行为，更需要了解求职的外部环境。古语云：知己知彼，百战不殆，就是这个道理。所以，毕业生要在求职之前做好"人-职"两个方面的梳理和准备。

一、所 获 成 就

如果说在大学毕业之前的人生是一个过程的话，那么求职之前，对这一过程所达到的成就进行一番梳理就显得尤为重要。所获成就能够直观地将阶段性的人生成果摆在我们面前，直观地让自己和他人看到成就背后所隐藏的"能力"。

当然，许多学生知道在面试和投递简历的过程中，展现所获成就的重要作用。但是在学生们的简历上经常会看到这样的所获成就表述：

2009—2010 年　担任《新文化报》报纸发行员。

曾任职业生涯规划协会会长。

大学生经常有这样一个想法："老师，我感觉简历是一种应用文体，所以我尽可能地去精炼我的表述……"这种看法是正确的！但是我们是否要为这种"精炼"设定一个前提——能够充分地说明我们的经历及其背后隐藏的能力呢？每年都有许多优秀的同学，就是由于这种不合时宜的"精炼"，而迟迟不能通过简历关，不能获得面试的机会。

当然，繁冗拖沓的表述更是不可取的。HR 用于简历筛选和面试过程的时间是有限的，故只能在阅读的时候"略过"。

（一）STAR 法则

经过长期的实践，毕业生逐步总结出了一种叫做 STAR 法则的成就事件总结和表述方法，既能使成就事件获得充分的表述，又能够简明扼要、重点突出，是许多毕业生所广泛采用的一种方法。

STAR 法则当然不是汉语直译"星星法则"的意思。STAR 实际上是四个英语单词的缩写，即：

S——situation（状况），T——task（阐明），A——action（行动），R——result（结果）。

这四个单词的顺序也说明了所获成就的表述顺序：

首先，S 说明事件发生时候的状况或状态；

其次，T 说明当时所面临的任务和目标是什么；

再次，A 说明在那样的状态下，为了完成任务目标采取了哪些行动和做法；

最后，R 说明达到的结果怎么样。

当然，在利用 STAR 法则的时候我们需要注意做到：语言精练、数字说话、注重细节！

以前面提到过的 "2009—2010 年担任《新文化报》报纸发行员" 为例，看看当我们用 STAR 法则进行表述后会有什么样的不同。

●为了锻炼自己的毅力并体验生活，担任《新文化报》报纸发行员。

●当时打算至少要坚持一个月。

●每天早 4 点出门，8 点回来，需爬 320 层楼，虽然几次想放弃，但最终都选择了继续坚持。

●一个月，减肥 32 斤，发送报纸 9600 份，无一差错，从此不睡懒觉，更懂得珍惜幸福的来之不易。

（二）对所获成就的剖析

当对成就事件利用 STAR 法则进行表述后，尚未完成全部的工作内容。毕业生还需要挖掘成就事件背后所隐藏的能力及经验，加以总结，以备在求职过程中利用。

●为了锻炼自己的毅力并体验生活，担任《新文化报》报纸发行员。

隐藏内容：曾有过报纸发行、营销方面的相关经验。

●当时打算至少要坚持一个月。

●每天早 4 点出门，8 点回来，需爬 320 层楼，虽然几次想放弃，但最终都选择了继续坚持。

隐藏内容：能吃苦、有韧性及持之以恒的精神。

●一个月，减肥 32 斤，发送报纸 9600 份，无一差错，从此不睡懒觉，更懂得珍惜幸福的来之不易。

隐藏内容：认真细心、有责任感。

对所获成就进行剖析后，我们会发现在小小的一个报纸发行员的工作中，能够体现这名学生能吃苦、持之以恒、有韧性、认真细致、有责任感，以及具有报纸发行和营销经验。当他应聘一个岗位时，如果恰巧这些能力及经验是岗位所需的，那么他就可以用报纸发行员的经历，来为自己进行证明。同时，我们也可以从这个例子总结的经验中获知，除了应聘本专业的岗位，其实这名同学也可以去应聘营销类的岗位，无疑扩大了自己的求职范围。可见，深入剖析自己的成就事件，对毕业生来说是非常重要的。

二、知 识 构 成

　　知识构成包含了学历（含第二学历）、参与的培训、项目经历、论文等内容。这些内容都直接说明了与求职岗位的专业技能要求相关的知识掌握水平。对自己的知识构成进行总结和归纳，有助于我们更好地定位自身求职方向，更有针对性地进行求职应聘。

> **案例**
>
> 小王同学是这样归纳知识构成的：
> 长春大学　工商管理专业　本科　管理学学士
> 吉林大学　金融学　本科第二学历
> "挑战杯"课外学术作品竞赛　省二等奖
> 论文：《新加坡经济模式对我国经济实现跨越式发展的启示》

三、个 人 特 质

　　往往在有些用人单位招聘的过程中，专业基础的好坏、实习实践的多少甚至是技能的高低都不是他们最关注的，用人单位更看重"人行不行"。这就涉及我们通常所说的"性格特点"和"自我管理能力"。诸如坚韧的毅力、活泼开朗、具备责任感、热情、刻苦钻研、锲而不舍、理性等。那么，做好向用人单位介绍自己的这些个人特质的准备，在"知己"的过程中也是非常重要的。

　　毕业生往往在介绍自己个人特质的时候，喜欢用些涉及个人特质方面的词汇进行简单罗列。毕业生本人对自己具备的这些特质深信不疑，但是让用人单位看的"一头雾水"，甚至产生"审美疲劳"，很难让 HR 透过些词汇就相信了你的介绍。所以，求职者不仅要列出自己的特质，而且要用真实的经历去证明、描述才会令人信服！

　　学习信息与计算科学专业的小徐同学，在准备的时候，在想表达自己的责任感和毅力的时候，想到了这样一个经历：

　　2010 年，松花江吉林市段发生百年不遇的大洪水，期间我恰巧暑假留校打工。看到新闻后，我的心情久久不能平静。房屋、稻田、公共设施被冲毁，落水者失踪，齐腰深的淤泥，这些信息和画面汇聚到我的脑海里……我在洪水发生的第二天，打好背包行囊，步行到受灾最严重的地区（已不能通车），将背包放下，就和赶到的解放军一起投入了救灾的"战场"，这一干就是 13 天，救出困于险境的老乡 3 人。虽然疲惫、肮脏、生活只得到最低的保障，但是我觉得我做的一切都是值得的，我经历了迄今为止最难忘的 13 天！我知道了生命的可贵和生活的意义。

　　在进行模拟面试的时候，小徐说出了这段经历，以证明和描述他的责任感和毅力，在场的所有师生都为之动容，都相信了这样一个朴实小伙子的话。因为，这样的事情是那样的真切，这样的品质被他描述的这样"直观"和令人信服。

四、技　　能

　　为了总结方便，我们粗浅地将技能分为已鉴证技能和描述性技能，也称为硬技能和软技能。

　　（1）已鉴证技能：不难理解，就是获得相关资格证书和资质认证的技能。如CET-4、BEC-2、全国计算机等级考试二级、人力资源管理师三级等。

　　（2）描述性技能：主要指自我管理技能等没有机构可以进行定量鉴别的技能。如组织能力、执行力、沟通能力、协调能力等。

　　值得注意的是，由于描述性技能不能够进行定量的鉴别，这就使之在总结过程中，需要进行个人特质梳理时所用到的：用"经历描述"的办法，进行逐一的总结。

五、职业价值观

　　职业价值观是个体独特经历的反映，影响着我们的职业选择和发展，故而澄清自己的职业价值观是十分必要的。在大一的时候，我们已经在学习职业生涯规划的过程中，通过正式评估和非正式评估找出了自己职业锚的类型。但是经过大学四年的生活和学习，也许我们的职业价值观和之前相比，需要进行重新的审视和澄清。只有明确我们的价值观倾向，明确和自己的职业价值观相适应的工作环境和岗位，我们才能够更"情愿"地为职业工作进行投入和付出。反之，即使其他方面的工作条件不错，给我们的感觉也是如坐针毡。

六、缺点和不足

　　求职应聘的过程，是毕业生向用人单位展示和介绍自己的能力的过程。那我们难道还要自曝其短，把自己的缺点晾晒在用人单位面前吗？非也！

　　在求职的过程中，毕业生经常会看到这样的情景：应聘的学生口若悬河、滔滔不绝地夸赞自己，似乎"人类的一切优点都集中在他的身上"了。但是，在HR的几招凌厉攻势下，这些学生基本都败下阵来。为什么？可想而知！作为即将毕业尚未步入社会的大学生而言，缺点和不足是固然存在的，HR也不会愚蠢到认为你是一个完人。当你的不足和缺点被掀起的时候，也许会给HR留下你不诚实的印象。

　　那我们何不把自己的缺点和不足主动地告知用人单位呢？只有敢于承认自己

不足的人才是真正的自信者。

我们尚缺乏岗位相关的实践经验；

我们尚未完全步入社会，可能在处理事务和关系中还有些稚嫩和天真的因素；

我自己形象上不如许多同学；

……

这些都是现实的不足，我们都是可以在总结的时候加以参照的。

总结训练

请同学们根据自己的情况，做一份详细的《自身优势梳理总结》。

训练四　了解用人单位

正如图 2-1 所展示的一样，当毕业生作为求职者的条件、技能、素质同用人单位的招聘要求实现匹配的时候，毕业生求职成功的概率就会大大加强。

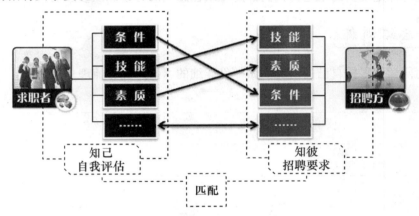

图 2-1　求职"成功"基本模型

所以，当毕业生一方面审视和梳理自身求职优势的同时，还需要对目标岗位的招聘要求有更加深入地了解和分析，才能够使应聘成功成为一件并不遥远的事情。那么，下面就来共同了解一下毕业生需要知晓用人单位哪些方面的招聘要求。

一、招聘岗位说明及能力要求

很显然，当每位学生在应聘一个岗位前，都要或仔细或粗略地了解其招聘岗位说明及能力要求。了解这一信息对毕业生来讲，是明确应聘目标需求、更有针对性地进行应聘的重要依据，也使得应聘变得有的放矢。

同样，在这一过程中，毕业生要了解岗位说明及能力要求的字面意思，这也是一个招聘广告解读的过程。我们将在下一章中深入地介绍其方法。

二、招聘部门及招聘流程

俄语专业的小冉在求职的时候遇到了一件令她十分"郁闷"的事情。有一家做外贸的企业想招聘一批外贸翻译，并且待遇优厚。她为应聘这一职位做了"充分"的准备，为自己模拟了许多招聘单位有可能问到的专业问题，她对自己将在应聘中的表现信心满满。可令她匪夷所思的事情出现了，招聘方竟然在整个招聘过程中基本没有问她专业方面的问题，而只是看了一下她其他方面的等级证书，小冉被这突如其来的变化搞懵了。自然面试的效果不好，与预期中的机会失之交臂。

案例讨论

其实，经过小冉之后的了解，问题出在来招聘的工作人员并不是业务部门的人员，而是人力资源部门的 HR。HR 着重考查的方面是应聘者的综合素养，特别是其人际沟通及危机处理能力。小冉同学因为没了解到这个信息，而搞错了求职准备的方向。

在很多用人单位，来自于不同部门，有着不同专业背景的招聘人员，在面试风格和对求职者的考查方向上是有差异的。即使在现在的就业市场中，一些单位对各个岗位进行了详细的岗位分析，并建立了与之相匹配的素质模型，但是小冉遇到的这种情况还是非常普遍的。

经过多年的总结与考查，一般不同的招聘部门会有如表 2-1 所示的招聘倾向。

表 2-1　招聘部门的招聘倾向

招聘部门	招聘倾向
人力资源部门	倾向于考查求职者的沟通能力、团队协作能力、执行力、逻辑分析能力、IQ 等基本素质
业务部门	倾向于考查求职者与应聘岗位相关的专业知识及技能的掌握水平及在校期间的学习成绩
单位中高层管理者	倾向于考查求职者的品德、价值观、毅力、知识面、思辨能力、兴趣爱好等方面

现在用人单位的招聘，大多是在各学校甚至省市间进行巡回招聘。这就使得毕业生提前了解招聘部门的信息成为了可能。所以，有意识地在应聘准备阶段了解用人单位的招聘部门，会为毕业生顺利就业起到良好的助力作用。

案例

　　工业设计专业的刘沙同学，早在自己大一入学不久，就为自己未来的职业规划了明确的方向。其目标职位选择的第一位是广州本田汽车有限公司的工业设计师岗位，无论其工作内容、环境、发展空间及薪酬，都是她所满意的。经过三年多有针对性的准备，她觉得"应聘成功"已经是预料之中的事情了。

　　可是，意外偏偏发生了。刘沙如期去参加广州本田汽车有限公司的宣讲会，在一个多小时的宣讲过程中，刘沙觉得，她这三年的准备是正确的。可是，就在其投上自己简历的时候，却被HR拒绝了。原因只有一个，广州本田只在之前的一个月时间内接收网投简历！即使她想尽了一切办法，但最终因自己不能够投递简历而放弃了最好的选择。

　　用人单位的招聘流程可谓"五花八门"。一般用人单位都会在单位的招聘网站上公布自己的招聘行程和招聘流程，所以提前了解好这些信息非常重要。一般用人单位的招聘流程见表2-2。

表2-2　招聘流程特点和流程解析

招聘流程特点	流程解析
提前网投简历，不接收现场投递，现场面试、签约	一般来讲，这样单位简历的筛选并不是由来现场招聘的HR完成的，有两种可能性：（1）由公司的中高层工作人员统一筛选、集中把关；（2）单位将基础的工作承包给专业的人力资源机构，由他们进行提前筛选。这两种情况都是普遍存在的。现场招聘的HR只是来现场介绍单位，并对简历筛选通过的应聘者进行面试验证
现场宣讲、筛选简历、面试、签约	这样的形式是许多中小型用人单位的选择。一般执行这样操作的单位，所到场的工作人员中，包含了单位中有决策权的中高层管理人员。招聘时间短，考核指标明确，签约速度快
现场宣讲、筛选简历、面试，过后通知面试结果、签约	通过简历筛选和面试，选定基本适用岗位应聘者范围。再经过多个省市或学校的相同过程，将适用应聘者进行整体的对比，最终决定应聘成功人员。由于其流程的特殊性，在确定有个别应聘者不能如期达成协议时，尚可以"落选"应聘者作为替代，保证用人单位的招聘稳定性
现场宣讲、筛选简历、面试，实习后签约	这是一种以用人单位利益为核心的保守招聘形式，一般周期较长。可以通过实习的过程了解应聘者的真实水平，最大限度地避免了人力资源风险。但是对于求职者来讲，若最终没有应聘成功，在失去这一工作机会的同时，也失去了期间内的所用工作机会，对求职者不利

　　毕业生会发现，每一种招聘流程的背后，都隐藏着用人单位的招聘意图及策

略。对于求职者来讲，只有提前予以了解，才能够更大程度上根据自身的情况，选择符合自己要求和期望的工作机会，避免求职过程中走弯路。

三、单位发展及组织文化

在 CCTV-2 的一期《对话》栏目中，腾讯公司的老总马化腾和力帆集团老总尹明善分别表述了自己企业的用人标准。腾讯："双眼皮、高鼻梁"；力帆："胆量胜过见识，通才胜过专才、窗外事比圣贤书更重要。"

而马化腾所说的"高鼻梁"就是指应聘者要符合腾讯的企业价值观；尹明善所指的是力帆集团非常独特的用人标准，当然这首先来源于力帆独特的企业发展及文化特点。

用人单位的发展特点和组织文化，也许是他们最为核心的特质和竞争力。所以许多用人单位宁愿选择技术上不是最好，但最符合企业价值观和特点的求职者。同时，在面试问答的过程中也经常会出现："你了解我们企业吗？"、"我们的企业文化是什么？你是怎么理解的?"这些都是用人单位重视企业价值观和应聘者价值观达到统一的体现。

同时，对于求职者来说，工作的动力和幸福感，也很大程度上取决于个人的职业价值观和企业文化的匹配度。所以，在求职的准备过程中，了解应聘单位的组织文化，不但对求职的成功有重要的作用，对于自己重新审视自己的求职目标，也具有很重要的意义。

四、历年招聘情况

就如之前我们所介绍的一样，用人单位对其招聘的每个职位一般都有较为明显地岗位设计，或客观或主观地为这些岗位建立了一套素质模型。"会计应该是细致缜密的"，"教师是严谨较真的"，"销售人员是善于沟通的"，等等，我们对一些职业的"形象定位"是有依据的。

那么求职者不难理解，用人单位在招聘过程中，历年的招聘理念和技术一般会有延续性和一致性。这也就注定了求职者对目标单位历年招聘情况的了解很重要。单从应聘的角度讲，这会让毕业生的求职准备事半功倍。

 总结训练

请同学们根据自己的情况，做一份详细的《用人单位情况调研总结》。

训练五 准备求职材料

求职材料是广大毕业生用来和单位取得联系、"投石问路"最常用的工具之一。在求职择业过程中，求职材料有着举足轻重的作用，是"敲门砖"，推荐、面试、录用都离不开它，求职材料的好坏直接影响着就业的成败。

一、求职材料的内容

在求职之前，毕业生一般需要准备好以下必要的求职材料。

（一）简历

简历是对个人能力、资历和形象的书面表达，是在面试前向用人单位展示自己的重要途径，其作用和意义不言而喻。在准备简历的时候，我们最好能够准备中文和外文两套简历，同时注意根据不同的应聘单位和岗位及时调整简历。制作简历的具体步骤及要点参照本书模块三。

（二）毕业生推荐表

许多学生并不能够在就业的初期了解到毕业生推荐表的重要作用，往往只有在单位索取的时候才知道咨询教师。毕业生推荐表是大学毕业生在尚未获得毕业证和学位证时，用以证明自己大学毕业预期的一种书面证明材料。毕业生需要在就业准备阶段，就将其办理好，以备所需。

（三）成绩单

多数用人单位在毕业生应聘时，会向毕业生索取其在校期间的成绩单。作为毕业生应当提前准备。

（1）打印成绩单；

（2）以班级为单位，到所在学院办公室由工作人员进行信息审核后，加盖学院公章；

（3）以班级为单位，到教务处教务科加盖学生成绩专用章；

（4）学生在应聘时提供成绩单复印件，在正式签约时，将原件交予签约单位。

（四）证书及证明

整理和开具在校期间所获得的各类奖励证书、资格证书，开具参与的科研项目证明材料。毕业生在求职过程中，需要随身携带这些材料，以备用人单位随时查验。有些学生会将证书的封皮留在住处，而将证书内瓤分门别类的放于一个百叶夹中，既携带方便又轻便美观，不失为一种好的方法。

（五）作品集

作品集的形式是自己在学习期间成果的一种直观展示，但是对于不同学科类别的学生其作品集的表现内容是不一样的。

1. 美术、设计类专业

这些专业的毕业生可以将自己的绘画作品、设计作品，进行拍照和缩印，装订成册，并在作品下方予以简要的说明和介绍。如若有必要，可以采用彩色印刷以保证作品的视觉效果。

2. 工学、理学、农学类专业

这些专业的毕业生可以将自己参加的各类工程、设计类项目以"图片＋设计说明书"的形式加以展现。若参与的项目较多，可单独装订成册。反之，也可附在简历之后。

3. 经管、舞台艺术、法学、医学类专业

这些专业的毕业生由于专业水平的表现形式更多地集中于实习实践过程中，所以作品集要以"图片＋说明＋图表"的形式加以体现。其中图片与说明要表述的是经历、水平及意义；而图表更多地用在业绩的表现中。如市场营销专业的小元同学，在对其进行一年的某产品兼职销售业绩，高于平均水平这一经历进行说明时，她用了如图 2-2 所示的图表，给人以非常直观的能力展示。

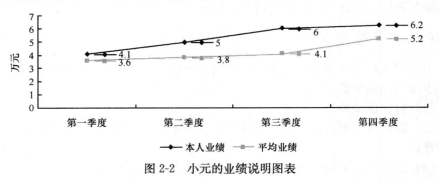

图 2-2　小元的业绩说明图表

（六）相关准备

1. 一年内不更换的电话号码和邮箱地址

很显然，用人单位有进一步的面试或录用通知，首先会选择毕业生在应聘时

留给单位的电话号码和邮箱地址。许多学生在大学期间都有一个习惯——经常更换电话号码或邮箱地址，这在毕业求职的过程中是很不可取的行为。由于邮箱和电话号码的变更而导致用人单位不能将应聘消息通知给你，这是得不偿失的。

2. 求职记事本

在就业的高峰期，毕业生每天都要参加数场招聘会，许多用人单位并不是当场进行简历的筛选、面试、笔试和签约，而是需要过后再发布相关的信息。准备一本求职记事本，将每天应聘的单位记录下来，同时记录用人单位招聘工作人员的联系方式，有助于我们在一段时间后如未接到通知，可以查询到相关信息，进行进一步的咨询和询问。同时，将每次应聘时的心得体会及时地记录在求职记事本上，有空的时候回顾一下自己的求职历程，可以为进一步改进自己在求职过程中的不足起到很大的作用。

3. 外在形象

"世界上没有丑女人，只有懒女人"，这是一句众所周知的俗语。其表面的意思是说化妆对一个女子形象的影响，但更加直白一些是说，无论男女，形象对自己在他人心目中的重要性。

求职过程是多方位展现自己的过程，当然也包含了外在的形象。很难想象一件潮流 T 恤，配上朋克风格的反潮流牛仔裤，外加流行凉拖的装扮会给毕业生的求职带来怎样的灾难局面，至少体现了一种不尊重。在求职的准备过程中，一套大方得体，或体现自己大学生特质，或展现职业形象的求职服装都是不错的选择。同时，要注重面部形象的修饰，使自己显得精神饱满、阳光靓丽。

4. 求职准备金

在求职的过程中，肯定是要产生一定费用的。一般包括求职物品购买费用、往返于各个招聘会现场的交通费用、通信费、大型洽谈会票务费、求职过程中的餐费等。每年每位毕业生的求职成本从几百元到数千元不等，根据 2011 年对毕业生求职成本的统计，毕业生平均求职成本为 1300 余元。所以，做好求职预算，是毕业生在物质准备阶段的必要步骤。

5. 其他物品

手机、公文包、求职名片、简历照片都是毕业生需要准备的简单求职物品。

二、求职材料的作用

1. 评估自我，确定择业方向

在编写求职简历的过程中，毕业生逐渐清楚了自己的实际情况，能对自身的情况作出全面地分析和评价，明确自己的专长和爱好，这样才能把职业的要求和自己的个性特征结合起来，理性思考，作出明智的择业趋向。

2. 宣传接洽，叩开就业之门

通过求职材料，用人单位不仅可以了解求职者的个人简历，而且可以了解求职者的知识能力以及特长、爱好，所以求职者才能更有把握争取到一次面试机会。

3. 面试竞聘，职位取舍依据

求职材料是用人单位面试的出发点及面试后作出取舍的主要依据。

三、求职材料的编写要领

1. 目标明确

组织和编写求职材料的大目标和大方向就是为了就业，凡是有利于就业的各种材料、各种组织编写方法都可以加以运用。

2. 针对性强

针对性强即编写求职材料时，应根据大致的就业意向，根据应聘的行业、职业或单位特点进行材料的合理组织、安排和撰写。要做到有针对性，就需做到知己知彼，根据不同情况写出最适宜的求职材料，量体裁衣。

3. 客观实用

客观实用即实事求是，摆正位置。在编写求职材料的过程中要采取客观真实的思想态度，可以说，求职材料的真实性是一个择业者的生命线，一旦用人单位发现求职材料有假，求职者便失去了理想的就业机会。另外，在文体上，求职材料属于实用文书写作中的说明文一类，其目的就是为了就业，切不可过分追求文笔超脱、言辞华丽，而忽视其实效，舍本逐末。

四、求职材料的整理

1. 收集材料

俗话说"巧妇难为无米之炊"，收集个人自荐原始材料是一项基础性工作。收集材料的原则是为就业服务，以择业目标为基础，按需收集，即围绕就业目标所需的专业特长、知识结构和能力等进行材料收集，注意专业特点、个人能力与行业特点的结合。

2. 分类整理

收集的原始材料很多，在分类整理过程中，一般按以下五个大方面进行专题细分：个人简历性材料，专业学习材料，特长爱好材料，社会实践材料，奖励评论性材料。

3. 编辑审查

分类整理之后就要进行编辑审查，即对分类的材料进行汇总编辑，检查一下材料是否有明显遗漏，不能出现材料残缺。同时，材料含糊甚至与实际情况有出入的，一定要撤除或修改。另外，还要对材料上是否有错别字等细节进行校对。

4. 汇总分析

分类整理和编辑审查后，首先要把同类型的材料集中起来；然后对材料的使用价值进行自我分析评估；最后把材料一起进行综合价值评分，分清主次，一一罗列出来，以便于编写使用。

5. 合理编撰

在编撰求职材料的过程中，要针对所应聘目标的具体情况，合理取舍，有机组合，充分体现求职者的优势与特长。

五、求职材料的包装

在原始材料基础上将求职材料的主体部分根据不同的应聘目标编写完后，就要进行包装这一工序了，即完成封面（主题）设计和求职材料的装订工作。封面的设计是丰富的，但其基本原则是美观、大方、醒目、整洁。封面设计要有一个主题（标题），一个好的主题，往往能吸引用人单位，促使招聘方进一步了解求职材料的具体内容。封面的设计风格要与求职材料内部主体内容风格一致，具有同一性、整体性。同时，封面设计中最好体现出求职者的姓名、专业、年级、学校等最基本的内容。在求职材料的装订中最好采用 A4 标准纸打印，不要用繁体字（有特殊要求除外），装帧不要太华丽，保持整洁、明快是最重要的。

六、求职材料的一般投寄程序

投寄求职材料一般有两种方式，一种是直接递交，另一种是间接递交（包括转交或以信函、电子邮件等方式投寄）。无论采取哪种形式，都要求准确、便利、快捷，要在用人单位规定的投寄时间内寄到。投寄时应注意：①明确投递对象，有的放矢。②反复检查，避免遗漏与错误，特别是材料内容是否与投递对象一致，千万不要出现张冠李戴的现象，这样是对用人单位的不尊重，也是对择业的一个遗憾和损失。③注明双方联系办法。如果以信函方式，则要把投递地址写清楚。接受方若是具体人，则要把姓名写清楚、写正确。同时，职位称谓，单位的地址、名称等不要写简称。此外，在求职材料的明显位置必须有联系办法，以方便用人单位与自荐人联系。还有，信封要用标准信封，在信封上也可写上联系办法。注意上述几点后，再经过确认，就可以把一份精心编制的求职材料投寄出去了。

训练六　调适就业心理

案例分享

　　小丽是个内向的女孩，在学校一直注重学习，没有更多地接触社会，平时父母也很少给她独立成长的空间。开始找工作后，都是父母陪着她去招聘会，由父母介绍小丽的情况，结果不但没找到工作，小丽也开始出现抑郁的情况，连门都不愿意出，话也越来越少。

案例讨论

　　在求职过程中，最容易出现抑郁、焦虑等心理问题，所以大学毕业生求职时最好以什么样的心态去面对？如何调节？

_____

_____

_____

_____

_____

理论认知

　　当面临毕业的大学生怀着兴奋的心情，即将走出给了他们知识与力量的大学校园时，他们虽踌躇满志，但也用焦虑的目光审视着这个五彩斑斓的世界。他们困惑了，如何迈好这一步？他们思索着。

一、大学生择业心态误区

　　保持良好的心态，正视现实，确定合理的择业目标对择业的大学生来讲非常重要。但在现实中，许多大学毕业生却步入了择业心态的误区。

（一）理想与现实的矛盾

　　人的一生，总是在不断地追求。大学生在择业上的追求更为突出，几年大学生涯使大学生知识的羽翼日渐丰满，他们雄心勃勃，准备干一番事业。然而，由于他们涉世尚浅，接触社会少，理想往往脱离现实，想干点大事，有诸多艰难；想尽快有点起色，又不那么容易。大学时的热门专业，到毕业时变冷了，原来的"短线"专业变成了"长线"。面对理想与现实之间的差距，调整心态，确定方向，成为大学生求职择业前必须面对的问题。

（二）　自我意识与驾驭自我的矛盾

大学生的自我意识随着年龄的增长、知识的积累而不断增强。在择业中，他们强调自我意识。由于大学生人生经历简单而且顺利，往往不能客观地分析和评价自我，多数大学生对自己的评价偏高，择业时，清高自傲，期望值过高，不能把握自我。少数大学生自我评价过低，择业时妄自菲薄，缺乏自我驾驭的能力。

（三）　渴望竞争，但缺乏竞争的勇气

就业制度的改革，为大学生择业提供了公开、平等的竞争环境，大多数毕业生希望凭借自己的能力迈向社会第一步，迎接新的挑战。竞争给大学生提供了新的机遇，许多学生也想在这个充满竞争的时代展示自己的才华；但到竞争机会来临的时候，又有相当多的大学生顾虑重重，缺乏竞争的勇气，虽有强烈参与竞争的意识，但却对竞争缺乏信心。

（四）　只图实惠，忽略其他因素

有的大学生在择业时，首先考虑的是单位效益。如工资多少、奖金如何、有无住房，至于这个单位是否与自己专业对口，自己的能力、兴趣、性格是否符合岗位的要求则排在其后。关键是能否挣钱，"前途前途，有钱就图"。这种功利化的择业标准，使相当一部分大学生败下职场。

（五）　不切实际的盲目攀比

大学生在寻找、选择就业单位时，往往以身边同学谁去了知名度高、效益高的单位，谁去了大城市或高层次部门来作为自己价值的评价标准。这就是择业过程中常常存在的攀比心理，他们在心理上总抱有"我不能比别人差"、"过去我一切顺利，现在我依然会没问题"的想法，尤其是学习稍好一点的学生更是如此。于是在选择中，攀比嫉妒、强求心理平衡，总是把比别人强作为标准，"这山望着那山高，这花看着那花俏"。特别是看到与自己成绩、能力差不多的同学找到令人羡慕的工作、获得可观的收入时，觉得自己找不到理想职业，很没面子。其结果是高不成、低不就，陷入苦恼之中。于是，为了获得心理上的平衡，不从实际出发，将自己择业的目标设计过高，

不考虑择业时的各种综合因素，结果即使某单位非常适合自身发展，但因某个方面比不上其他同学选择的就业单位，就彷徨放弃，事后却后悔不已。

 深度阅读

常见的择业心理障碍

择业是一个有计划、有目的的心理训练过程。大学生在择业时应主动培养良好的心理素质，把择业过程的心理压力降到最低点，及时克服在择业过程中经常出现的心理障碍，以健康的心理应对充满竞争的就业市场。以下为几种常见的择业心理障碍。

（一）焦虑心理

心理焦虑是指由于心理冲突或个人遭受挫折以及可能要遭受挫折而产生的一种紧张、恐惧的情绪状态。就像挫折难以避免一样，焦虑也是我们生活的一部分。过度的焦虑会对大学生择业就业产生消极影响，它不仅会抑制大学生的正常思维，而且使大学生的注意力难以集中，记忆力明显减退，从而影响大学生正常的学习和生活。在择业过程中，大多数毕业生会出现不同程度的焦虑心理。调查表明，有20％的毕业生在择业中出现明显的焦虑状态。引起毕业生焦虑的主要问题有自己的理想能否实现；是否能找到一个适合自己专业特长、工作环境优越的单位；用人单位能否选中自己，屡屡被拒绝怎么办；选择的单位是否是最佳的选择方案等。特别是一些基础学科专业、学习成绩不佳、学历层次不高的大学生以及女大学生，表现得更为焦虑。

刚走出校门，没有社会经验的大学生对选择职业这一人生重大课题产生择业的焦虑心理是正常现象。一般来说，适度的焦虑使学生产生压力，这种压力是对自身惰性的进攻，它可以增强人的进取心。人只有面对压力才会迫使自己积极行动起来，产生求胜的心理和行动。这样的战胜压力取得成功的事例不胜枚举。但是，如果心理上过度地焦躁、沮丧、不安，像一些大学生焦虑过了头，整天都充满了各种不必要的担心以及造成精神上的紧张不宁、忧心忡忡、烦躁不安、意志消沉，行为上反应迟钝、手忙脚乱、无所适从，自己又不能在一定时间内化解这些情绪，这些情绪就有可能向病态发展。此时，焦虑就会影响大学生主观能动性的发挥，干扰大学生正常的学习和生活，甚至影响择业。

（二）自卑心理

自卑是由于受到暂时性挫折而产生的一种心理障碍。这种心理表现在对自己的评价过低，不能正确认识自己的优缺点。大学生在择业前，往往踌躇满志，跃跃欲试，很想一显身手，大展宏图；而一旦受到挫折后，有时容易产生自卑心理，对自身能力产生怀疑，自信心大大减弱，自尊心受到损伤，自惭形秽；总是低估自己，这个不行，那个也不行，导致在择业中，往往缺乏自信心和勇气，不敢面对竞争。

在择业时，面对改革的浪潮，看到人才市场的激烈竞争，涉世未深的大学生产生自卑心理是正常的，也是比较普遍的。就业中的自卑一般产生于以下一些情况：一些冷门专业、学历较低的学生看到就业市场需求自己专业的单位少、待遇差，或在求职中遭冷遇，就容易悲观失望；一些性格比较内向、不善言辞的大学生看到其他应聘者口若悬河，自己什么也说不出来也会自惭形秽；一些在校成绩与表现一般的大学生看到别人的自荐书上奖励、证书、成果一大堆，自己什么也没有，也容易自我贬低；由于来自非重点高校，在面对竞争对手时缩手缩脚，不能充分向用人单位展示自己的才华；一些女大学生在就业遭受到用人单位的歧视后也会自怨自艾。总之，自卑的大学生不敢正视现实，对自己的长处估计不够，怀疑自己的能力，不善于发现适合自己的职业岗位，在对自己的抱怨、贬低中失去了求职的勇气。

（三）怯懦心理

由于毕业生对自己的能力过低评价，导致了大学生在择业时往往表现出被动性和退缩性的怯懦心理。怯懦心理在毕业生面试中表现得尤为明显。面试前，有的同学如临大敌、紧张不安、手忙脚乱；面试中，面红耳赤、语无伦次、支支吾吾、答非所问、手足无措，辛辛苦苦准备的"台词"、"腹稿"一急之下，都抛到九霄云外，忘得一干二净；有的同学谨小慎微，生怕一句话说错，一个问题回答不好影响自己给用人单位的印象，以至于不敢放开说话，没有把自己的特点和优势表现出来。这些同学渴望公平竞争，但在机遇到来时却手忙脚乱，未能充分发挥出自己的才能。怯懦心理也多见于一些女生和性格内向的大学生。为克服上述弱点，就要求毕业生平时要加强面试技巧的训练，培养自己的应变能力和语言表达能力，以便给用人单位留下良好的"第一印象"，从而帮助自己顺利就业。

（四）自负心理

自负是缺乏客观地自我分析和自我评价的表现。目前，有较多大学生总想一步到位找到满意的职位和工作，一些大学生对自己的评价过高，他们或因所学专业紧俏、需求旺盛，或因就读学校为名牌学府，或自认为无论专业知识还是能力素质都胜人一筹，或因为被不少用人单位垂青，因而盲目自信，择业胃口吊得很高，认为理所当然地应该能够得到一个理想的职业，而产生了一种高人一等的自负心理。在这种心理支配下，他们好高骛远，期望值很高，往往是"这山望着那山高"，这个单位不顺眼，那个单位也不如意，从而错过了不少适合自己发展的机会。一旦产生自负心理，很容易脱离实际，以幻想代替现实，使自己的择业目标和现实产生很大反差，如果未能如愿，他们的情绪就会一落千丈，从而产生孤独、失落、烦躁、抑郁的心理现象。

（五）依赖心理

依赖是大学生不成熟的表现，凡事总是依靠别人，缺乏独立意识。他们虽然接受了四年的大学教育，但是在很多事情上还是缺乏应有的分析和解决问题的能力。由于缺乏足够的信心，缺乏自我选择决断能力，在择业中不主动积极地为择业做准备，不敢或不愿面对激烈的择业竞争，而是将希望寄托在学校、家长和亲朋好友身上。他们或者认为自己家里有关系，找个好工作不成问题，用不着自己去操心；或者自暴自弃，认为自己既没关系，又不是出类拔萃的好学生，索性就听天由命。前者将希望寄托在别人身上，想不通过努力就找到满意的工作；后者则完全放弃了竞争，将自己的命运交给不确定的偶然性。

（六）抑郁心理

随着"双向选择"就业制度的确立、择业竞争的加剧，大学生承受的外在压力也相应地增多、增强，在择业过程中所遭受的挫折也必然比以前更大。有些大学生在求职过程中屡屡遭受挫折，不为用人单位认可接受，受挫后不能正确调整心态，表现为不思进取、情绪低落、愁眉不展、意志消沉；有的甚至放弃一切积极的求职努力，听天由命；严重时甚至对外界的环境漠然置之，不与外界交往，对一切都无所谓，导致抑郁心理发生。抑郁心理状态往往在性格内向、气质类型为黏液质和抑郁质的毕业生人群中最易出现。处于抑郁状态的毕业生，一般较长时间陷于择业失败事件的阴影中而不能自拔，表现出信心不足，过度敏感，生活中稍有不顺心的事，情绪就很难平静。长期处于抑郁心理状态的人最终会导致神经衰弱等心理疾病，严重影响自己顺利就业。

二、就业心理调适

心理调适是实现心理健康的手段。为了维护心理健康，大学生应该了解并掌握心理调适的途径和方法，不断调整自身的心理状态，积极适应社会的变化，勇敢地迎接就业的挑战。

（一）提高心理调适的自觉性

人生是一个不断变化发展的历程，也是个人对环境不断适应的过程。在人生的某些阶段，由于环境条件的改变，社会对个人会提出新的更高的要求，以至于使个人感到难以适应。此时，如果个人能够主动、自觉地适应社会的要求，就可以较顺利地进入一个新的人生阶段；相反，如果个人无法适应社会的新要求，就会影响自身的成长和发展，严重的还会危及身心健康。

大学生面临毕业时，会考虑社会给自己提供了哪些职业岗位，有多少选择的机会和可能；同时也应想到如何认识自己、调整自己，使自己作出最佳选择并尽快适应职业活动。前者属于就业的环境问题，在很大程度上不以个人的意志为转移；后者则是心理问题，属于个人可以掌握的部分。认识环境、把握自己、尽快做到心理适应，是最积极可行的途径。在日常生活中，人们的通病是在实现自己目标的过程中，常常不去认真地了解、分析自己可掌握的那一部分因素，却企图主宰自己不可能驾驭的那一部分因素。不少大学生在择业的过程中也容易步入同样的误区。

因此，在求职择业过程中，大学生应当充分认识心理调适的作用，提高自我心理调适的自觉性，尽量通过自身的努力使自己保持一种良好的心态，以利于合理择业、顺利就业和健康成长。

（二）积极进行自我心理调适

面对激烈的就业竞争，从以下几个方面积极地进行自我心理调适，可以帮助大学生解除心理紧张，促进心理平衡，保持好的心态。

1. 认识和评价自我

进行自我心理调适，首先要正确认识和评价自我，这是进行自我心理调适的基础。因为只有正确地认识和评价自我才能找到自我调适的立足点。认识和评价自我的方法主要有以下三种。

1）自我反省

自我反省也称为自我静思，就是面对各种矛盾和冲突，首先能冷静地、理智地思考自我、认识自我、评价自我，找到自我的确切位置。面对择业，大学生除了要客观地分析就业环境外，最主要的是要正确地认识自我和评价自我，应当明确自己的爱好特点是什么，自己的性格气质是什么，自己最适合干什么工作，自己的优势和劣势是什么，自己的择业发展方向是什么等。只有通过理智、冷静的自我思考，才能对自己有一个客观的评价，使自己在择业过程中处于积极主动的地位。

2）社会比较

人不可能脱离社会而存在，要正确地认识和评价自我，离不开社会。

大学生要正确地认识和评价自我，首先，要将自己与社会上其他人作比较，特别是要通过与自己条件、地位类似的人比较认识自己，而不是孤立地认识自己；其次，要通过社会上其他人对自己的态度认识自己；再次，通过对自己参加社会活动结果的分析评价和认识自己，即通过在客观上寻找评价的参照尺度认识自己。如果一个人对自己的评价与他所进行的各种比较基本一致，那就基本可以认为他的自我认识发展得比较好，比较客观；如果不一致，差距太大甚至相反，那就表明他的自我认识发展得不好，不够客观，缺乏自知之明。

3）心理测验

心理测验是心理测量的一种工具和手段。心理测验的方法很多，主要包括智力测验、人格测验和能力测验等，有关的心理学著作中都有详细的介绍，大学生可以根据自己的需要选择使用。要注意的问题是，一定要选择心理学专家编制的标准化的测量表，最好能在专家指导下使用。

2. 转化和调整自我

在就业的过程中，我们很容易被一些问题所困扰，因压力过大而导致失眠、精神不振、烦躁等，进而影响正常的生活状态，形成恶性循环。我们在自我认知与评价的基础上，也要学会不断转化压力，调整心理状态，从不利的环境中走出来，直面职场。

1）自我转化

有些时候，不良情绪是不易控制的。这时，可以采取自我转化的方法，把自己的情感和精力转移到其他活动中去。如学习一种新知识、新技能，参加自己感兴趣的活动，利用假期去旅游等，使自己不沉浸在不良情绪中，以保持心理平衡。

2）自我适度宣泄

因挫折造成焦虑和紧张时，消除不良情绪的最简单方法莫过于"宣泄"。切忌把不良情绪强压于心底，忧虑隐藏得越久，受到的伤害就越大。较妥善的办法是向朋友等自己信任的人倾诉，一吐为快，甚至可以痛哭一场，把痛苦全部宣泄出来；也可以去打球、爬山、参加大运动量的活动，宣泄情绪。但是宣泄一定要注意场合、身份、气氛，注意适度，应是无破坏性的。

3）自我安慰

人不可能事事皆顺心，处处是英雄。在择业中遇到困难和挫折，如果自己已尽力仍无法改变时，要说服自己作适当让步，不必苛求，找一个自己可以接受的理由让自己保持内心的平静，承认并接受现实，以保持心理平衡。

4）松弛练习

松弛练习也称为放松练习，是一种通过练习学会在心理上和躯体上放松的方法。松弛练习可帮助人们减轻或消除各种不良的身心反应，如焦虑、恐惧、紧张、心理冲突、入睡困难、血压增高、头痛等症状，且见效迅速。大学生在择业时如遇类似心理反应，可在有关人员指导下尝试进行松弛练习。

5）情绪理性化

人有理性和非理性两种观念，在这些观念指引下的认识方式会影响人的情绪。人的不良情绪产生的根源是人的非理性观念，反之亦然。要消除人的不良情绪，就要设法将人的非理性观念转化为理性观念。例如，有的学生在择业中受了挫折便消沉、苦闷或怨天尤人，其原因在于他原本认为"大学生就业应当是顺利的"、"我很优秀，择业应该很理想"等。正是这些观念作怪，才导致或加剧了他的不良情绪。如果将这些想法加以纠正，不良情绪一定能得到克服。大学生在运用情绪理性化法时，应首先分析自己有哪些消极情绪，从中分析、综合、抽象、概括出相应的非理性观念，并对其进行质疑；同时对比两种观念状态下个人的内心感受，鼓励自己向理性观念方面转化，从而有助于排除不良情绪。

专家提示

客观、理智地面对就业

在就业的过程中，很多学生因为被大量的就业数字与就业案例所困扰，没有走进就业现场，就已经被这些所吓倒，给自己带来紧张和压力。为了更好地求职择业，大学生要克服紧张的心理，客观、冷静地分析就业形势，在供与求之间找到结合点，把自己推销出去。

1. 建立自信

自信，是求职成功的心理基础，自信程度与推荐自我的关系远远超过推荐其他任何东西。缺乏自信，常常是性格软弱和事业不能成功的主要原因，也是推荐自我的最大心理障碍。

一般来说，缺乏自信的人多是性格内向，勤于反思而又敏感多疑的人。他们自尊心很强，但不懂得如何积极地获取自尊，为了追求一种不使自尊心受到伤害的安全感，为了不在别人面前暴露自己的弱点，不敢坦率地介绍自己，不敢大胆地推荐自己，实际上这正是低估自己的表现。而被别人轻视，也常常是由于自己的自卑和退避造成的。在求职过程中，有的大学生希望给对方留下好的印象，但又总是怀疑自己的能力，不相信自己能够做到，所以，只要置身于陌生人面前，便会产生不知所措的惊慌。面对当今激烈竞争的人才市场，自信、敢于竞争者就能够掌握求职成功的主动权；缺乏自信，唯唯诺诺的人，定会成为竞争中的失败者。建立自信心的前提是要看到自己的长处、优势，要认识到别人也不一定什么都好，你也不是什么都不如人。不要把招聘者看得过于神秘。从心理学上讲，求职者在面试时心理上处于劣势，往往把招聘者看得过高，好像他们能洞悉自己内心一切似的。其实，并不是每个招聘者都是学识渊博、难以对付。他们同你一样，都是普普通通的人，了解了这一点也就不会有畏惧感了。其次，不要老想着自己的缺点，每个人都有缺点和不足，也有优点和特长。多想想自己的优点、优势和特长，即使有缺点，对这一工作来说也可能是优点。通过这样的暗示作用，可以增加自信，消除紧张。可以肯定地说，坚定、自信是求职成功的基础。

2. 消除紧张

许多求职者失败，并不是因为他们缺乏适应工作的能力，而是因为过度紧张，使招聘者对其稳定性发生怀疑而造成的。因为面试不仅是了解求职者的知识和人品，更重要的是通过相互交谈来测试求职者的应变能力和处世能力。如果过度紧张，甚至怯场，那么，求职者的能力、才华就无法展现，失去求职的机会，也在所难免。

那么，怎样才能克服紧张情绪呢？

1）不要把面试看得过于重要

如果总是担心面试失败而失去工作机会，就会加重心理负担，增加紧张感。如果面试时采取超然的态度，记住这样一句话：即使面试失败了，也没有失去什么，却得到了面试的经验，还有更好的机会在等待，胜败乃兵家常事。

2）掌握说话节奏

控制说话速度也有利于减少紧张。在紧张的情况下，说话速度会越来越快，进而使思维混乱，讲话的内容也会条理不清，甚至张口结舌，对方难以听懂你要表达的真正含义，同时，还会给人以慌张或有气无力的感觉。这时，放慢说话速度有助于稳定情绪和理顺思路，从而保证口齿清楚、思路清晰、有条不紊。当然，放慢速度要适当，不要故意把话音拖长。

3）承认紧张

如果紧张难以消除，可以坦率地告诉招聘者"对不起，我有点紧张。"对方会理解的，甚至还会安慰你，帮助你放松。对求职者自己来说，承认紧张，心情就会慢慢安定下来，紧张情绪就会逐步消失，而且面试的气氛也会融洽起来。承认紧张，对推荐自己并没有什么消极影响，反而会表现出你的诚实、坦率和求职的诚意。

有时采用破釜沉舟、背水一战的态度面试，也能消除紧张。有一位女性大学毕业生有过这样的经历：在一次毕业生与招聘单位见面会上，由于害怕失败而造成的紧张使她连续被六家单位拒绝，当见面会快结束时，她心急如焚，抱着"豁出去"的想法，找了个招聘单位发泄自己的"愤怒"。出乎意料，这家单位看中了她，当即决定录用，原因是她这种背水一战的态度，使她变得轻松、豁达、无忧无虑了。

3. 克服羞怯

羞怯是许多人都有过的一种普遍的情绪体验，主要是指由于性格内向或挫折引起地约束自己的言行，以致无法真实表现自己情感的一种心理障碍。羞怯感强的人，在招聘者面前会感到有一种无形的压力，不敢迎视对方的目光，缺乏表现自己的信心和勇气。面试时常出现脸红、冒汗、张口结舌、语无伦次等现象，对自己的神态举止和言谈过分敏感，生怕自己在别人面前失态出丑。越是害怕和检点自己的言谈举止，就越无法恰当地控制自己的失态行为，反而会异常紧张，不自然的表情和行为通过反馈更进一步增加了紧张心理，形成恶性循环。那么怎样才能克服羞怯心理呢？增强自信心是最有效的途径之一，除此之外，还要注意以下几点。

1) 不要过多地计较他人的评论

羞怯感强的人，最怕得到否定的评价，结果越害怕越不敢表现自己，越不敢与人交往，恶性循环使他在羞怯的旋涡中越陷越深。其实，被人评论是正常的事，应把它作为改善自己的动力，而不应把它当成精神负担。

2) 扩大自己的知识面

只有具备丰富的知识，才能在各种面试活动中，不会因知识过分狭窄而受窘。这里所说的知识，不仅包括专业知识和其他科学文化知识，也包括面试的基本礼节和推销自我的基本技巧。你可以从有关求职的书刊上获得这些知识，也可以从周围的同学、朋友身上获得。

3) 学会控制自己

常用的方法是自我暗示法，每当面试自感有可能紧张、羞怯时，就提醒自己镇定下来，什么都不去想，把招聘者当做自己的熟人和朋友一样，"羞怯心理"就会减少大半。心理学的研究表明，一个非常怕羞的人，当他在陌生场合讲出第一句勇敢的言语后，随之而来的将不再是新的羞怯，而可能是顺理成章的演说。

4) 争取锻炼的机会

开始可以从容易的事做起，如先在熟人的范围里练习面试，锻炼自己的表达能力，运用和熟悉推荐自我的技巧，培养对"羞怯"的心理抵抗力；然后遵守循序渐进的原则，扩大范围、增加难度。我们建议，要尽可能地参加各种类型的"人才交流会"和"毕业生供需见面会"，把它们看成锻炼自己的机会。在有意识地克服羞怯心理的过程中，对每一个机会，都必须做好充分的准备，以获得好的效果。

4. 不怕挫折

挫折是指个人在从事有目的的活动过程中，遇到的干扰和障碍，致使动机不能实现时的情绪状态。生活中的挫折是造就强者的必由之路，挫折是锻炼意志、增强能力的好机会。崇高的职业理想与现实总会有差距，失败者常感叹求职择业真难。现实确实如此，就业竞争非常激烈，尤其是理想或热门的职业。但大学生应当了解，职业理想的追求与实现，并不一定取决于职业本身。在中外众多伟大的科学家们的成长过程中，我们常常可以看到他们当初职业的起点并非那么"理想"。富兰克林曾经是个钉书工人，华罗庚初中毕业后便帮助家里料理小杂货铺，也曾在母校干过杂务。可见，较低的职业起点，并不贬低职业理想的价值，现实的生活之路，也正是大多数科学家的职业理想迸发、形成的环境。大学生在择业时，应该保持健康、稳定的心理，采取积极的态度，遇到挫折时，不要消极退缩。当然，从根本上说，一个人战胜挫折的能力绝不是一时的努力能培养出来的，它有赖于大学生平日不断地增强自身修养，学会科学地认识、分析事物，特别是主动经受一些磨难，增加一些挫折经历。

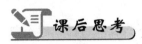 **课后思考**

如何让自己通过良好的求职准备提高应聘的成功率？

_____

_____

_____

_____

_____

_____

_____

_____

模块三　大学生求职培训篇

（1）掌握写简历的方法与技巧。

（2）熟悉笔试、面试、简历的基本内容及技巧。

（3）掌握制作"好简历"的方法。

训练七　求职简历制作

 案例分享

娄晓鸽的"简"历

　　大四，娄晓鸽同学终于来到了大四，她期盼已久的毕业班时光，随着招聘会的开始而开始了。娄晓鸽一直盼望这个日子的来临，她想把自己大学几年里所累积的知识和技能在求职的过程中充分展现出来，找到实现自己价值的工作。

　　微软、IBM、甲骨文这几家公司，都是娄晓鸽梦寐以求的工作单位，她匆匆地做完简历，就直奔宣讲会……

　　可是半个月过去了，娄晓鸽一次面试通知都没有收到。在咨询了就业专家后，她确信不是她自身的能力不足，而是简历出了问题，通过细心地观察周边同学的简历后，她发现自己的简历的确太"简"了……

 案例讨论

　　（1）简历真的那么重要吗？

_____

_____

_____

(2) 简历在求职的过程中起到了什么作用?

_____

_____

_____

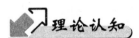

请大家以 6～12 人为一组，讨论如下几个问题：

(1) 娄晓鸽的简历太"简"，有可能是什么意思？

_____

_____

(2) 工欲善其事必先利其器，求职之前我们要准备何种"器"？

_____

_____

_____

理论认知

一、个人简历的编写

（一）个人简历的形式

个人简历一般有两种形式：表格式、时间顺序式。表格式是用表格的形式列出自己的基本情况和学习、工作的经历，使人一目了然；时间顺序式是按年月顺序，列出自己的学习、工作经历，充分表现自己的技能、品德。对于即将毕业的大学生来说，采用表格式和时间顺序式最好。

个人简历真正的用处是让用人单位充分了解自己，从而提供可能的就业机会。因此，简历要写得简洁精炼，切忌拖泥带水。简历的格式要便于阅读，有吸引力，从而使用人单位对自己有良好的印象。简历的内容要重点突出、用语要得

模块三　大学生求职培训篇

学习目标

（1）掌握写简历的方法与技巧。
（2）熟悉笔试、面试、简历的基本内容及技巧。
（3）掌握制作"好简历"的方法。

训练七　求职简历制作

案例分享

娄晓鸽的"简"历

大四，娄晓鸽同学终于来到了大四，她期盼已久的毕业班时光，随着招聘会的开始而开始了。娄晓鸽一直盼望这个日子的来临，她想把自己大学几年里所累积的知识和技能在求职的过程中充分展现出来，找到实现自己价值的工作。

微软、IBM、甲骨文这几家公司，都是娄晓鸽梦寐以求的工作单位，她匆匆地做完简历，就直奔宣讲会……

可是半个月过去了，娄晓鸽一次面试通知都没有收到。在咨询了就业专家后，她确信不是她自身的能力不足，而是简历出了问题，通过细心地观察周边同学的简历后，她发现自己的简历的确太"简"了……

案例讨论

（1）简历真的那么重要吗？

_____

_____

_____

（2）简历在求职的过程中起到了什么作用？

_____

_____

_____

拓展练习

请大家以 6～12 人为一组，讨论如下几个问题：
（1）娄晓鸽的简历太"简"，有可能是什么意思？

_____

_____

_____

（2）工欲善其事必先利其器，求职之前我们要准备何种"器"？

_____

_____

_____

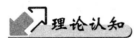理论认知

一、个人简历的编写

（一）个人简历的形式

个人简历一般有两种形式：表格式、时间顺序式。表格式是用表格的形式列出自己的基本情况和学习、工作的经历，使人一目了然；时间顺序式是按年月顺序，列出自己的学习、工作经历，充分表现自己的技能、品德。对于即将毕业的大学生来说，采用表格式和时间顺序式最好。

个人简历真正的用处是让用人单位充分了解自己，从而提供可能的就业机会。因此，简历要写得简洁精炼，切忌拖泥带水。简历的格式要便于阅读，有吸引力，从而使用人单位对自己有良好的印象。简历的内容要重点突出、用语要得

体，书写要工整清楚。

（二）一份完整简历的结构

第一部分：基本情况介绍。它包括姓名、年龄、性别、民族、住址、联系方式、政治面貌、户口所在地等。注意一定要保证电话或其他联系方式的畅通和及时，以免错过好的机会。

第二部分：自我评价和求职意向。自我评价要符合职位要求，求职意向要与所应聘的职位一致。

第三部分：教育背景。对没有工作经验的应届毕业生来说，写完基本情况和求职意向后，就可以接着写教育背景了。它包括学校的名称、学习的时间、所学专业和主要课程、取得的学历和学位等。

第四部分：培训经历。写出参加培训的经历，最好和所应聘的职业有关，如果没有可以不写。

第五部分：实践经验。写出在校期间参加各种实践活动的经历，如在校担任过哪些职务、是否参加过志愿者工作、有哪些兼职等，这些经历能很好地说明你具备相关的工作能力。这对没有参加工作的大学生来说是非常重要的，可以视为工作经验。

第六部分：所获荣誉。把在校期间获得的荣誉（包括获得奖学金的情况）进行列举。如果没有，这一部分可以不写。

第七部分：所获证书。除学历和学位证书之外的证书，如大学英语等级证书、计算机等级证书、从业资格证书等。

第八部分：爱好特长。可以写关于运动、艺术、技能等多方面的内容，但要具体，不要泛泛而谈。如"擅长运动"，可以具体写成"擅长长跑、羽毛球"等。

（三）个人简历的写作标准

1. 真实

真实是简历最基本的要求，诚实的记录和描述能够使阅读者产生信任感。一些学生为了达到较好的包装效果，故意遗漏某一段经历，造成履历不连贯或对经历夸大其词、弄虚作假，很容易被阅历丰富的人事主管识破。费尽心机修饰与事实不符的简历，经不起面试的考验。

2. 完整

完整、全面不是面面俱到，不分主次。要根据企业和职位的要求，巧妙地突出自己的优势，给用人单位留下鲜明深刻的印象，使一个陌生人在很短的时间内了解到个人的基本情况。通常一份简历应当包括姓名、年龄、性别、家庭住址及户口所在地、联系方式、求职意向、教育背景及学历、专业、外语水平、电脑水平、实践经历、实习经历、特长、爱好、自我评价，其他重要或特殊的对求职有价值的经历等。

3. 简洁

招聘人员每天要面对大量的求职简历，在阅读和筛选时，平均每份简历所用的时间不超过一分钟。对于应届毕业生的简历，衡量的标准是简洁、清晰、篇幅不超过一页纸。言简意赅、流畅简练、令人一目了然的简历，是最受欢迎的。撰写简历前应根据不同的单位、职位和要求进行必要的分析，突出重点、有针对性地设计简历。

4. 规范

行文要准确、规范。作为实用型文体，简历句式以短句为好，文风要平实、稳重，以叙述、说明为主，不可动辄引经据典、抒情议论。不要使用拗口的语句和生僻的字词，更不要有病句、错别字。英文简历的撰写要特别注意，不要出现拼写和语法错误。有的学生写简历时喜欢使用一些文学性的修饰语，例如"大学毕业，我毅然走上工作岗位"、"而今大学毕业，我热切期待着一个大展宏图、共创辉煌未来的良机"之类的口号，这样的简历，只能让人觉得该学生涉世未深，很稚嫩。

5. 美观

一份好的简历，版面设计也是一个非常重要的因素，是真正的"第一印象"。简历的基本要求是条理清晰、标志明显、段落不要过长、字体大小适中，排版端庄美观、疏密得当。简历，不要为了节省纸张而排得密集局促，令人看得吃力；也不要出现某一页纸上只有几行字，留下大片空白；要注意版面不要太花哨。有的毕业生喜欢在简历上画一些图案或使用一些色彩，除应聘设计类或教学类特别的职位外，这会让人感到缺少基本的职业素养，应该要写出类似公函的风格。

6. 诚恳

行文中所表现出的语气要遵循诚恳、谦虚、自信、礼貌的原则。陈述时既不妄自尊大也不妄自菲薄，既要客观评价自己的优势又要避免夸夸其谈，客观陈述自己尚未参加工作，在工作经验方面有些不足，反而更能赢得好感。

 深度阅读

简历关键问题分析

1. 劣势分析和应对策略

应届毕业生是职场上的弱势求职群体，有的学生潜意识里想在简历中做一些虚假的修饰。例如，没有当过学生会干部的却写上"担任过学生会主席"

这样的字样，这种做法是万不可取的。明智的做法是认清自己的优势，正确对待不足或劣势，对简历进行科学取舍、突出重点、合理扬弃，这样既使简历更有吸引力，又不失真实性。

1) 劣势一：初出校门，缺乏工作经验

雇主喜欢工作经验丰富的人。很多应届生在求职过程中屡次受挫后抱怨许多企业在招人的时候要求要有工作经验，而企业不给我们工作的机会，我们又怎么会有工作经验呢？

应对方法：

首先，刚出校门的毕业生应尽量扬长避短，重点强调自己最近几年所受的教育和培训的情况，包括那些与应聘工作有最直接关系的特别课程或活动。

其次，实习的经历要作为相应的工作经验写进简历中。因为这期间的工作性质和内容与许多岗位工作相似，实习者经常是自主完成多项任务的，可以在这段经历中展现自己取得了哪些收获或成绩，最好还能用具体的数据来进行说明。

最后，列出你已掌握的跟你所应聘的工作有直接关联的知识或技能。你用这些知识或技能进行了哪些实践活动，取得了哪些成绩。这可以让人事主管看出你的人才价值和可培养的潜力。

2) 劣势二：学历或学位问题

大学本科毕业生是受过高等教育的专业人才，相对于没有受过高等教育的人来说具有学历上的优势；而相对于研究生来说，其学历又显得层次较低。

应对方法：

一是，更加明确就业的方向。一般而言，高校所设立的各个专业都是应用性很强的专业，因此要明确哪些地区、什么样的单位更需要自己这个专业的人才。明确就业的方向后，学历或学位问题就不是最重要的影响因素了。

二是，专业和职业更加匹配。重新审视所学专业的培养目标是什么，有哪些适合的职业种类，要有明确的目标性，有目的的来撰写简历，以增加求职时的竞争力，而不是盲目地追逐热门却不适合自己的职业。

三是，突出个性品质和才能。企业在招聘时，要寻找的往往不是最优秀的那一个，而是最合适的那一个。简历中要根据所应聘的职位如实描述自己的个性品质并一一列举出与之相关的各种才能、才艺，让人事主管通过你的简历，看出你可能就是该岗位的合适人选。

2. 个性化简历创新之道

在各种简历模板的约束下，许多简历失去了个性，被招聘人员扔进了垃圾筐。只有个性突出、特征鲜明的简历，才更容易吸引招聘主管的眼球。

1）创新方法一：为目标企业量身定做

认真分析所应聘企业的情况，研究招聘主管的心理愿望，再结合自己的情况写简历。在你的简历中出现招聘主管最想看到的几个要素，是最容易打动人心的个性化简历。

案例

小王想应聘到某图书公司工作，他把自己的简历按公司图书的样式来制作，封面展示的是该企业的 LOGO、企业名称、企业主导色等形象识别元素。当招聘主管看到简历上的这些元素时，立刻产生了情感的共鸣，很大程度上加深了对简历主人的认同感，希望能够见到这位应聘者，并进行面谈，自然小王的简历不会被随手扔在茫茫的简历堆里。有了招聘主管对简历的认同，也就增加了求职成功的概率。

2）创新方法二：结合应聘岗位来创意

简历从求职者所应聘岗位需要的职业技能和职业修养的角度进行创新。

案例

小李想应聘某公司的网站设计工作，他仔细了解了该公司和该职位的要求后，发现公司正在对原网站进行改版。他利用自己所掌握的专业知识，提出了网站改版的思路，并精心设计了网页。当招聘人员看到这样的简历时，很快判断出小李具备所应聘岗位要求的能力、水平和职业意识，马上拿起电话通知他前来面试。

3）创新方法三：从所学专业上创新

各个专业都有其专业特点和专业语言，从专业角度出发进行求职简历创新，可以通过简历体现专业素养。

案例

小张是会计专业毕业的，在应聘某公司财务人员时，他把求职简历做成了一份会计报表。会计报表是会计人员体现专业技能的主要形式，能表现出极好的专业意识和专业素养。对于招聘主管而言，看到这样的简历，首先不会怀疑小张的专业能力和修养，其次面对每天千篇一律的求职简历，突然间看到这样一份耳目一新的简历，马上约见就不足为奇了。

简历是一个传递信息的工具，目标就是为了获得面试的机会。创新并不是一件困难的事情，但要注意简历创新要把握好方向，切不可偏离目标，更不要离谱得使人难以接受，能有效帮助求职者获得面试机会的简历才是成功的简历。

3. 简历的投递方法

是否能获得面试机会，除了简历质量的影响外，简历投递的方式方法，对求职成功也有不小的影响。简历投递的途径主要有现场投递和网络投递。

1) 现场投递

一般企业不会接受求职者的上门拜访，现场投递最常见的方式是人才招聘会。简历投递前要仔细检查各项信息的完整性，不要忘了贴照片、附上相关证明资料等。

现场投递时还应注意，不要盲目乱投简历，不管企业招不招应届生，放下简历就走。大部分人事主管会对在招聘会上收集到的简历，当时就做一个简单的区分，哪些是要尽快约见的、哪些是予以考虑的、哪些是不予考虑的。如果放下简历转身就走，这样的简历会被人事主管放在不予考虑的那一堆里。因此，投递完简历就要争取和现场的招聘人员做一个简单的交流，留下一个好的印象，这样才有可能争取到面试的机会。

2) 网络投递

网络投递也是最常见的投递方法，可以从知名的大型招聘网上投递，也可以上专场网络招聘会投递，还可以直接向用人单位的网站或邮箱投递。有的学生在网上投几百上千封简历都石沉大海，有的学生投出为数不多的几份简历就有面试通知，所以网络投递是非常有技巧的。

一是要有的放矢。首先仔细浏览招聘单位的简介、招聘职位的要求、信息发布的时间、有效期等。掌握了这些真实的情况后，再结合自己的实情决定是否投递简历。用人单位发布招聘信息的第一时间是投递的最佳时间。

二是不要向同一家单位申请多个职位。招聘主管不会因为你申请了多个职位而认为你什么都能干，相反，会认为你没有目标只是盲目地乱投简历。

三是按招聘单位的要求投递简历。有的单位对简历格式、附件都做了特别的要求，如果没有按招聘单位的要求去做，简历再精彩也会被直接删除而错过机会。

四是电子邮件的主题要醒目。如果没有特殊要求，电子邮件的主题一般情况下可写"＊＊＊应聘＊＊＊＊"，千万不要空着。

五是把简历存在各大招聘网站上。凡是使用网络招聘的单位，都会主动到网站上搜索所需的人才。当他们需要你这个专业的应届毕业生时，就能搜到你的简历并主动跟你联系。

六是做好投递记录。很多人投递简历像天女散花一样不计其数，当有一家公司通知面试时，却半天也想不起来是哪家公司。这会让招聘单位觉得你不重视这个机会，对你的印象大打折扣。建议做一个投递信息的记录，以免张冠李戴对不上号。

二、如何提升简历品质

简历，我们已经能够初步制作完成了。但是将制作完的简历拿在手中，似乎没有使我们感觉到这是一件可以在求职的战场上厮杀的利器。看看自己的简历，再看看网上随便能够下载到的简历范本，也没有什么本质上的差别呀？很显然，我们还没有足够的信心去说，我们现在制作的简历是一份"好简历"。

（一）什么是好简历

也许以图 3-1 所示的一些词汇可以部分概括我们认为的"好简历"标准：

> 美观、整洁、有创意、内容详实、简明、实践经历多、荣誉奖励多、有应聘单位的LOGO、彩印、吸引眼球、有自己的特点、不copy、有份漂亮的成绩单、有突出的学生干部经历……

图 3-1　"好简历"标准

似乎这些说的都很正确，然而是否能够有一个简单的原则，可以将这些不同的标准进行一个意见整合呢？还是让我们首先跳出具体问题，回顾一下简历出现的场景和其起到的作用吧。

通过图 3-1 我们不难发现，最后对我们制作的简历拥有评价权利的不是我们自己，而是用人单位。所以，用人单位关于简历的评价意见就显得尤为重要。

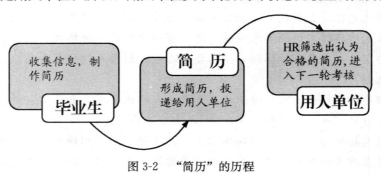

图 3-2　"简历"的历程

用人单位对简历有什么样的评价标准呢？其实很简单，HR已经早早地把自己的标准公之于众了——招聘要求中的"岗位需求"！

原来，符合用人单位岗位需求的简历就是好简历！

（二）如何打造好简历

1. 一原则——符合用人单位岗位需求

凡事如果有一个目标进行指引，我们的方向就不容易出现错误。很显然，如果说好简历有一条原则的话，无疑就是"符合用人单位岗位需求"了。

我们找到一位叫做张小琳的毕业生，她是管理学院物流管理专业的学生。她从大学二年级开始就关注一家名为德邦物流有限公司的企业，在对公司的发展速度与年轻态的企业文化感到赞叹的同时，也对其"行政助理"的岗位心仪已久。她按照"一原则"的指引，查询了2012年公司"行政助理"岗位的需求信息。

德邦物流2011年校园招聘行政助理岗位需求

岗位职责：

1. 接待客户来访，负责会议的召集和组织工作；
2. 负责一般文件的起草；
3. 负责公司档案管理、借阅及归档；
4. 负责各地政府关系维护等。

岗位要求：

1. 2012年应届统招本科毕业生；
2. 管理类、政治学和新闻传播等相关专业；
3. 具有很强的人际沟通、协调能力，团队意识；
4. 能够快速适应工作环境，抗压能力强；
5. 能适应出差；
6. 优秀学生干部优先。

---

2. 三步骤——触及岗位真实所需

1）根据岗位需求信息，分析HR的"显性"和"隐性"需求。

这是非常关键的一个步骤，我们要试图去做HR肚子里的一只"蛔虫"，去了解他们的真实意图。我们仍然以张小琳同学为例，看看她是怎么分析的。

显性需求：岗位需求信息中明确列出的要求。

张小琳的显性需求分析

【岗位需求信息】 "岗位职责"中的"接待客户来访"

【明确需求】 接待客户来访

【需求的深度发掘】 首先，这是一个对外"窗口"岗位，所以<u>懂礼仪</u>想必是肯定的；其次，这一岗位职责主要是和"人"打交道，少不了寒暄、介绍、解答的工作内容，所以<u>口才好，善沟通</u>也是不可或缺的；再次，据和一些在德邦物流工作的学长、学姐交流，公司的业务面很广，遍布国内和国外，客户中有些是老外，那么<u>外语好</u>，能够跟外国访客进行无障碍交流，也是很现实的问题。

张小琳同学很"靠谱"的进行了一番分析，觉得很兴奋，没想到在看似平常的岗位需求信息中能发现这么多"真理"。她又迫不及待地想看看在"隐性需求"的分析中，会有怎样的收获。

隐性需求：HR不愿意公开表述的需求。

难道HR还有"难言之隐"吗？

当然有啦！由于我国劳动保障的不断进步，已经从法律角度规定了，用人单位不得在求职者就业过程中进行歧视。所以，众多用人单位"从善如流"，更正了自己的不当做法。但是在现实生活中，还有一些企业出于自身利益的考虑，虽然已经不再"挂羊头"，但是依旧"卖狗肉"。

> 《中华人民共和国劳动法》
> 中关于消除就业歧视的若干条文
> 　　第十二条　劳动者就业，不因民族、种族、性别、宗教信仰不同而受歧视。
> 　　第十三条　妇女享有与男子平等的就业权利。在录用职工时，除国家规定的不适合妇女的工种或者岗位外，不得以性别为由拒绝录用妇女或者提高对妇女的录用标准。

举两个例子来说吧：

A企业在进行"机械冲样模具工程师"招聘过程中，为了规避法规并树立较好的企业社会形象，未在岗位需求信息中作出性别限制。但是其HR考虑此岗位很多时间需要"下车间"，在一线进行工作，所以主观地认为女性"不适合"此岗位工作。在筛选简历时悄悄地将女同学投递的简历"放"在了一边，造成了实际意义上的性别歧视。

B公司最近扩大了规模，搬到新的办公大楼，考虑到方便公司客户来访接待和提升公司整体形象的需要，决定在公司一楼大厅设立综合接待处，需要招聘前台秘书若干名。其招聘要求中也没有对应聘者的形象条件作出很具体的要求。一名文化产业管理专业的男同学去应聘此岗位，HR打量了这名同学一番，看着他较为典型的山东壮汉形象，委婉地对这名同学说他不适合这个岗位。

在上述的两则案例中，A公司是典型的性别歧视，而B公司HR的判断也有其较为充分的依据，很难说他是无理的。我们暂且不说如何保护自身权益及行政管理部门如何进一步规范企业招聘行为的问题，从当前的现实角度出发，我们在求职过程中是有必要充分考虑到这些企业的"难言之隐"的。

张小琳同学充分地认识到了这一点，通过综合自己的经历和父母给出的建议，逐步揭开了岗位需求信息后隐藏的"隐性需求"。

张小琳的隐性需求分析

【岗位需求信息】"岗位职责"中的"接待客户来访"

【隐性需求】如果在其他条件一致的前提下，这个岗位工作人员的形象也从一个小侧面给了来访客户一个直观感受吧，所以企业应该会更愿意招聘 <u>形象端庄大方</u>的应聘者。

最后，张小琳同学通过分析 HR 的"显性"和"隐性"需求，得出了企业的真实需求。

如：接待客户来访→ 懂礼仪

口才好、善沟通

外语好

形象端庄大方

2) 挖掘自己的相关事实，匹配 HR 的"显性"和"隐性"需求

其实这一个步骤的关键问题是，我们如何证明自己能够满足岗位需求。当然，有些学生是这样写的："经过大学四年的学习和锻炼，本人具备了较好的沟通能力、组织能力、执行力……"我们不难看出，这样的表述是不足以证明自己、说服 HR 的。

那么，想要达到证明自己和说服 HR 的作用，我们只需要用自己具有的真实经历说话，并且避免以下两种毕业生在简历制作过程中易犯的错误。

（1）挖掘事实，绝对不是编造事实。

①当代大学生应具有诚实守信的良好道德情操，弄虚作假的"李鬼"也绝不是单位需要的员工。

②没有真实的经历，是不会有真实的感受的，企业要的是你经历背后隐藏的能力，HR"阅人无数"，靠编造是过不了关的。

（2）挖掘事实，绝对不是开空头支票。

通过两个小案例来说明这个问题：

①汉语言文学专业杨同学想要证明自己的文字能力：

【空头支票】本人具有较强的文字表达能力

【相关事实】曾担任《长大就业报》主编

②国际经济与贸易专业李同学要证明自己形象好：

【空头支票】本人形象端庄大方

【相关事实】曾参加校礼仪队

看出问题了吗？空头支票式的表达和相关事实式的表达，哪一个更有说服力，更能让 HR 相信你具备这样的能力呢？答案显然是相关事实。

张小琳同学找出自己在制作简历前整理的"成就事件梳理单"，详细地对照找出能够满足德邦物流行政助理岗位需求的"相关事实"。

张小琳针对岗位需求的事实匹配

【岗位需求信息】"岗位职责"中的"接待客户来访"

1. **【显性需求】**懂礼仪

【事实匹配】曾经在就业中心担任学生干事，在上岗前接受过系统的商务礼仪培训，接待过近 600 家用人单位来访。

2. **【显性需求】**口才好，善沟通

【事实匹配】曾经参加过校、院两级辩论赛，还取得了不错的成绩，这足以说明自己口才好了。另外，寝室 6 名姐妹最开始也没有像现在一样亲如一家，当初也是"战火不断"，经过自己的一番"回旋沟通"后，解决了寝室内部的矛盾，这应该能够说明自己的沟通能力了吧。

3. **【显性需求】**外语好

【事实匹配】曾经为了参加比赛，利用较短的时间撰写过几十页的英文论文；高分通过了 CET-6 考试和 CET 口语考试；在就业中心学生干事的经历中，多次流畅的同外籍客人进行交流和沟通。我应该从考取的认证和实际掌握水平这两个方面来说明问题。

4. **【隐性需求】**形象端庄大方

【事实匹配】这点可不太好说，因为每个人对形象端庄大方的评价标准可能有些不同，但是对自己的这点还是有信心的。首先我觉得应该在简历中放上一张青春靓丽，但不失职业化的正装照，要先给 HR 一个直观感受；也许这点还不够，因为现在 PS 出的"美女照片"太多了，所以我是否自然地把自己身高 170cm 的信息体现出来呢？这可不是每位求职者都能够达到的"高度"呀；此外，参加过学校礼仪队的经历能够作为一条最有利的佐证。

看来，张小琳同学很顺利地完成了用自己的相关事实去匹配 HR "显性"及"隐性"需求的工作。对于她来说，感觉到一份好简历即将"新鲜出炉"！

3）动笔调整简历

为了满足张小琳同学的愿望，我们终于进入到了调整简历的阶段，将自己能够匹配岗位需求的相关事实，编排进自己的简历。张小琳同学很快完成了这一步骤，让我们看看她调整之后简历的样子吧。

张小琳的个人简历

联系方式：1384312＊＊＊＊

个 人 信 息

学历/学位	本科/学士	专　业	物流管理	
政治面貌	中共党员	e-mail	23424＊＊＊＊@qq.com	
出生年月	1990 年 4 月 25 日	性　别	女	
通讯地址	吉林省　长春市　卫星路 6543 号 130022	籍　贯	山西晋中	
		健康状况	良好	
英语水平	英语四级　具备熟练地听、读、说、译能力			

教 育 背 景

2007.09 至今	＊＊大学	管理学院	全日制本科

我 的 优 势

　　＊＊大学物流管理专业毕业生。进行过多项实习考察活动和技能培训，专业基础扎实。在校期间曾担任就业中心学生助理，具有较强的组织协调能力和良好的沟通能力。在校广播站做了一年的主持人，具有较强的语言表达能力。

获 奖 情 况

2007/09	多次获得＊＊大学校级奖学金
2008/04	美国大学生数学建模竞赛二等奖，全国大学生数学建模竞赛吉林省一等奖
2009/05	＊＊大学校级文体活动奖，院演讲比赛三等奖
2009/09	被列为首批入党积极分子，并于 2009 年 11 月 14 日成为管理学院首批、同届物流管理专业唯一一名正式加入中国共产党的党员
	管理学院五名获得国家励志奖学金之一
2010/12	＊＊大学新生辩论赛最佳风度选手奖，院优秀社团干部

学 校 职 务

2009/03 至 2009/07	＊＊大学校园之声广播站播音部综艺组	组长
2009/09 至 2010/07	＊＊大学校园之声广播站听审团	团长、执行团长
2010/09 至 2011/07	＊＊大学管理学院学生会	秘书长
2009/09 至 2010/07	＊＊大学管理学院学生会秘书处	干事
2008/09 至 2009/07	＊＊大学山西同乡会	副会长

专业技能及计算机水平

熟练利用三大检索（SCI，EI，ISTP）

能够熟练操作 Word，Excel，PowerPoint 等常用办公软件，通过全国计算机二级水平考试

能够熟练运用 Adobe Audition 3、Adobe Photoshop CS4、会声会影 X3 等多媒体类软件

自　我　评　价

置身于＊＊大学这所充满"团风文化"的美丽校园，铸就了我们一身过硬的素质。培养了很强的凝聚力、向心力和战斗力。高度的服务意识与认真负责、准确迅速、团结协作、刻苦耐劳的作风相辅相成，达成高度统一。

3. 八要点——检验是否为好简历

张小琳让周围的许多老师和同学看了自己调整后的简历，大家对这是否是一份"好简历"众说纷纭。有的说挺清晰，也表达了想表达的内容；有的说看起来"黑乎乎"一片，感觉很不好。无论大家怎么说，张小琳同学很纠结，似乎调整之后的简历没有让自己感觉非常的有成就感。

那么，这究竟是不是一份好简历呢？请不要忘记我们明确的一条关于好简历的原则，要以用人单位的视角重新审视一下简历。

1）要点一：黄金位置要利用好

我们首先要注意到一点人们的基本习惯：当一张 A4 大小的纸张平放于人们眼前的时候，大多数人会首先着眼于 A4 纸的前 1/3 位置，如图 3-3 所示。

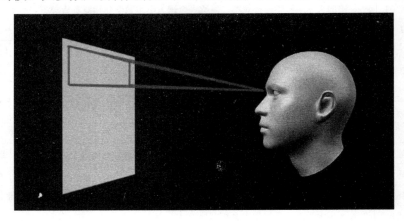

图 3-3　人们基本的阅读习惯"着眼点"

当我们的简历初次放在 HR 眼前的时候，HR 首先会着眼的位置就有些"意义非凡"了。为了更形象地说明其重要性，我们将简历的前 1/3 位置称为"简历的黄金位置"。

既然黄金位置如此的重要，我们就应该将其利用好，尽量使这一区域能够体现最重要的或最想让 HR 注意到的信息。

那么，我们再来看张小琳同学简历上的黄金位置，都安排了哪些信息呢？

张小琳的个人简历　　联系方式：1384312＊＊＊＊

			个 人 信 息	
学历/学位	本科/学士	专业	物流管理	
政治面貌	中共党员	e-mail	23424＊＊＊＊@qq.com	
出生年月	1990 年 4 月 25 日	性　别	女	
通讯地址	吉林省　长春市　卫星路 6543 号 130022	籍　贯	山西晋中	
		健康状况	良好	

没错！只有"个人信息"，这只是我们这位同学的自然情况而已。我们不去否认她的个人信息是有用的信息，但是我们能够肯定地说：这不是其在简历上最想表达和在 HR 眼中最重要的信息。

很显然，张小琳同学的黄金位置没有利用好！

2）要点二：不要无用的信息

那么，就让我们一点点的分析，"个人信息"如何偷去了张小琳同学的黄金位置吧。

a. 个人简历

当任何一个人的充满了"求职意向"、"实习经历"、"个人技能"等信息的几页 A4 纸出现在 HR 的面前时，相信不会有 HR 笨到不知道这是什么。所以张小琳同学简历的黄金位置中"的个人简历"五个字显得特别的画蛇添足。

b. | e-mail | 23424＊＊＊＊@qq.com |

E-mail 信息写在这个位置本身没有问题，可是以 QQ 数字为前缀的 E-mail 地址并不是很合适。现在越来越多的用人单位，利用电子邮箱和求职者进行信息传递和沟通，试想当 HR 决定发给你 offer 的时候，因为错误输入或没有看清而搞错了邮箱前缀，对我们来说就收不到录用信息了。此外，QQ 邮箱总给人一种不太职业化的印象。所以，建议申请一个有着简明前缀，且服务器稳定又能显得职业化一些的邮箱。

如：yy6y@163. com

　　 ccu-wzy@hotmail. com

　　 ei-yum@yahoo. com

c. | 出生年月 | 1990 年 4 月 25 日 |

为什么要将出生年月日，甚至是身份证号码这种个人隐私信息写在简历上面呢？有的同学会信心满满的回答：想说明自己的年龄！那为什么不直接写 23 周岁呢？所以，简历上不仅不要轻易透露个人隐私，也要注意更加言简意赅的表达。

d. | 性　别 | 女 |

匪夷所思的事件出现了！又有谁通过张小琳同学的照片不能发现她是一名"女"同学呢？很显然，在简历有照片且形象性别特征明显的情况下，性别栏的出现就显得特别的突兀。

| e. | 籍　贯 | 山西晋中 |

　　籍贯，应不应该写呢？众说纷纭。首先，在历年的毕业生求职过程中，用人单位有一点较为明显的"偏好"，特别愿意录取单位所在地生源。所以，如果张小琳同学应聘一家山西晋中的企业，将自己的籍贯写在简历上的话，无形中会给自己的应聘"加分"。其次，即使应聘的不是籍贯属地的单位，在招聘的 HR 中，因为遇到一位热情的老乡，而格外照顾的情况也是屡见不鲜的。那么，综合结论是：简历上写籍贯利大于弊！

| f. | 通讯地址 | 吉林省　长春市　卫星路 6543 号 | 130022 |

　　通讯地址也同样是个纠结的选项，随着信息传递手段的进步，人们越来越少选择通过邮递的形式传送信件。许多同学大学几年也没有收到过一封信。有的同学也许会问，用人单位邮寄协议书的时候是需要通讯地址的呀？对，是需要！但是协议书上是有通讯地址的，所以简历上的通讯地址是基本无用的信息。

| g. | 健康状况 | 良好 |

　　健康状况是许多企业需要了解的信息，但是在简历上直接表达"良好"的信息显然是不够的。原因是很明显的，即使有的同学身体健康状况欠佳，他也不会写上"不良好"吧。用人单位也不会天真到相信你的一句"良好"而略去职前体检的环节，所以这是一条典型的无用信息。

　　就这样，"个人信息"中一条条未经推敲的信息占用了大量的版面空间，这对于我们有限的版面和 HR 有限的审阅时间来说，未免有点太奢侈。

　　3）要点三：注重简历的诚实度和表达

　　接着审阅张小琳同学的简历，出现了如下信息：

英语水平	英语四级　具备熟练地听、读、说、译能力		
			教　育　背　景
2007.09 至今	＊＊大学	管理学院	全日制本科

　　问题显现了。"英语四级"与"具备熟练地听、读、说、译能力"，在稍有常识的 HR 眼中，绝大多数情况下是不太可能同时存在的。HR 对这种表述的判断会有两种：要么是这名求职者在说谎，要么是出于这名同学的无知，这会让 HR 怀疑应聘者的诚实度。

　　"教育背景"信息本身并看不出什么问题，但是前文已经很明显地提到过这里所展现的信息，为什么还要重复的叙述呢？这里的教育背景为什么不写自己是否有第二学历？是否接受过课外的专业学习与培训？

　　4）要点四：要采用计算机程序式的版面，而不是文章式的版面

　　将我们的视线向简历下方移动，一大段长长的段落会呈现在我们的面前。

我　的　优　势

　　＊＊大学物流管理专业毕业生。进行过多项实习考察活动和技能培训，专业基础扎实。在校期间曾担任就业中心学生助理，具有较强的组织协调能力和良好的沟通能力。在校广播站做了一年的主持人，具有较强的语言表达能力。

　　一个人想看完这一整段，至少需要5～10秒的时间，但是大多数HR审阅一份简历的时间也不会比这个时间长多少。

　　所以，一般的HR不太可能选择认真读这段信息，或者说很多HR甚至不会去读！

　　由于HR审阅简历的时间有限，导致其阅读习惯与我们平时看书时的阅读习惯也发生了巨大的变化。

> **用人单位审阅简历时间的统计**
>
> 　　毕业生就业指导中心于2010年和2011年，对用人单位的简历审阅时间进行了连续统计。82%以上的用人单位审阅简历的平均时间在3～13秒。可见，这样的时间是超乎大多数毕业生想象的。

　　人们平时的阅读习惯是从左至右（也有维吾尔文从右至左的情况），我们可把其过程形象的说成是"摇头读"的过程。

　　HR由于是一目十行地阅读简历，是一种从上至下的过程，所以我们可把其过程形象的说成是"点头读"的过程。

　　那么，在知道了以上信息的情况下，我们需要对简历的编排形式作出调整，简明短句、多行表述，类似于计算机程序式的形式是一种不错的选择。

　　如：

　　　　校毕业生就业指导中心（行政助理）

　　　　接待来访（单位500家、学生2000人次），全程招聘会组织

　　　　接听电话，整理文件，信息审核、录入、发布
　　　　经常加班至深夜，无一差错

　　5）要点五：版面布局要进行逻辑分类

　　"获奖情况"和"学校职务"占用了近1/3的版面，且位置比较靠前，看到这里我们还是要问，这是用人单位最关注的吗？

　　"获奖情况"和"学校职务"是谁最关注的呢？哦，是毕业生自身最关注的，特别是担任过学生干部的毕业生非常关注，这些信息似乎集中了自己过去所有的成果。

	获 奖 情 况
2007/09	多次获得校级奖学金
2008/04	美国大学生数学建模竞赛二等奖，全国大学生数学建模竞赛吉林省一等奖
2009/05	＊＊大学校级文体活动奖，院演讲比赛三等奖
2009/09	被列为首批入党积极分子，并于2009年11月14日成为管理学院首批、同届物流管理专业唯一 一名正式加入中国共产党的党员
	管理学院五名获得国家励志奖学金之一
2010/12	＊＊大学新生辩论赛最佳风度选手奖，院优秀社团干部

	学 校 职 务	
2009/03 至 2009/07	＊＊大学校园之声广播站播音部综艺组	组长
2009/09 至 2010/07	＊＊大学校园之声广播站听审团	团长、执行团长
2010/09 至 2011/07	＊＊大学管理学院学生会	秘书长
2009/09 至 2010/07	＊＊大学管理学院学生会秘书处	干事
2008/09 至 2009/07	＊＊大学山西同乡会	副会长

但这些绝对不是用人单位最关注的信息，用人单位所关注的能够体现你自身能力的实习、实践经历在哪？

版面布局要进行逻辑分类，是按照用人单位关注的逻辑而不是毕业生自己的逻辑进行排序。用人单位最关注的信息，要放在简历中重要而且突出的位置。显然，张小琳的简历并没有很好地体现这一点。

6）要点六：要冷冷的数字与细节，不要火热的抒情与描述

自 我 评 价
置身于＊＊大学这所充满"团风文化"的美丽校园，铸就了我们一身过硬的素质。培养了很强的凝聚力、向心力和战斗力。高度的服务意识与认真负责、准确迅速、团结协作、刻苦耐劳的作风相辅相成，达成高度统一。

简历中这样一大段自我评价会让HR头脑发晕，暂且不谈存在文章式版面的问题，更主要的是这么一大段话没有很好地体现出张小琳同学具备什么样的能力。

有的同学看过之后这样评价："这段话只能看出张小琳文章写得不错，特别是散文写作水平不错，越写越散。"这是何等的无奈与悲哀呀！

其实，简历之中不适合这样火热的抒情与描述，简历是一种应用文体，更多的是用简明的表述、扼要的数据来说明问题，其真实的表述应该是冷冷的数字与细节。

如：CET-6 532分（前2％）；三次校一等奖学金（5％）

7）要点七：好简历＝结果＋过程

2011届毕业生中一名特殊教育专业的毕业生，为了证明自己拥有一定的教

学经验，将曾担任家教的经历写在了简历上。但是去应聘了几家特殊教育类学校，都没有通过简历筛选。

她拿着自己的简历来到毕业生就业指导中心，请老师帮助她查找一下简历是否有问题。就业指导中心的老师看到了如下的表述：

2008.10～2010.09　担任师大附中学生家教

除了这个事件经历外，我们只能知道她从事的时间不算短，并不能从简历之中获得其他的信息。就业指导中心的老师给了她一些建议，利用我们学习过的STAR 法则进行重新撰写的话，会达到更好的效果。

利用 STAR 法则调整后的经历

【结果】家教

【STAR】辅导师大附中学生

　　　　参加"科普英语竞赛"

　　　　制定授课计划

　　　　每日辅导三小时

　　　　10 天教会约 1000 个单词

这是一条典型的结果＋过程的表述方式，读者不但能够知道事件，还可以通过其 STAR 法则的过程表述，了解他的经历及能力，表达效果倍增。

8）要点八：好照片是成功简历的一半

张小琳最初的照片虽然看起来也很青春靓丽，但是从黑白相间的时尚 T 恤和一双懵懂的眼神中，就可以看出这是一个典型的 90 后小学生形象。这样的简历照片也许不是一些单位 HR 所看好的。那么有的同学会问，穿的像一名学生难道有错吗？当然不会有错，但是在普通照片和正装简历照片之间，我们的建议是"宁可太正式，也不能太随意"。

此外，女同学化妆之后照相与不化妆照相，效果是有着明显的差别的。

张小琳同学略施粉黛，换上职业装，找了一家影楼照了一张照片，似乎发生了非常大的形象变化：

后一张显得更加的职业化，也更加能够体现其本人外貌特点了。

4. 结果对比

（调整前简历）

张小琳的个人简历　　联系方式：1384312＊＊＊＊

			个 人 信 息	
学历/学位	本科/学士	专　业	物流管理	
政治面貌	中共党员	e-mail	23424＊＊＊＊@qq.com	
出生年月	1990 年 4 月 25 日	性　别	女	
通讯地址	吉林省　长春市　卫星路 6543 号 130022	籍　贯	山西晋中	
		健康状况	良好	
英语水平		英语四级　具备熟练地听、读、说、译能力		

	教 育 背 景		
2007.09 至今	＊＊大学	管理学院	全日制本科

我 的 优 势

　＊＊大学物流管理专业毕业生。进行过多项实习考察活动和技能培训，专业基础扎实。在校期间曾担任就业中心学生助理，具有较强的组织协调能力和良好的沟通能力。在校广播站做了一年的主持人，具有较强的语言表达能力。

	获 奖 情 况
2007/09	多次获得＊＊大学校级奖学金
2008/04	美国大学生数学建模竞赛二等奖，全国大学生数学建模竞赛吉林省一等奖
2009/05	＊＊大学校级文体活动奖，院演讲比赛三等奖
2009/09	被列为首批入党积极分子，并于 2009 年 11 月 14 日成为管理学院首批、同届物流管理专业唯一一名正式加入中国共产党的党员
	管理学院五名获得国家励志奖学金之一
2010/12	＊＊大学新生辩论赛最佳风度选手奖，院优秀社团干部

	学 校 职 务	
2009/03 至 2009/07	＊＊大学校园之声广播站播音部综艺组	组长
2009/09 至 2010/07	＊＊大学校园之声广播站听审团	团长、执行团长
2010/09 至 2011/07	＊＊大学管理学院学生会	秘书长
2009/09 至 2010/07	＊＊大学管理学院学生会秘书处	干事
2008/09 至 2009/07	＊＊大学山西同乡会	副会长

专业技能及计算机水平
熟练利用三大检索（SCI，EI，ISTP）
能够熟练操作 Word，Excel，PowerPoint 等常用办公软件，通过全国计算机二级水平考试
能够熟练运用 Adobe Audition 3、Adobe Photoshop CS4、会声会影 X3 等多媒体类软件

续表

自 我 评 价
置身于＊＊大学这所充满"团风文化"的美丽校园，铸就了我们一身过硬的素质。培养了很强的凝聚力、向心力和战斗力。高度的服务意识与认真负责、准确迅速、团结协作、刻苦耐劳的作风相辅相成，达成高度统一

（调整后简历）

张小琳

中共党员　山西晋中人

0431-8525＊＊＊＊　138-4312-＊＊＊＊（24 小时）

admin@126.com

求职意向　　　【德邦物流　行政助理】

教育背景

- 2007.9-今　　　　＊＊大学　　　　物流管理　　　主修
　　　　　　　　　　　　　　　　国际经济与贸易　　　辅修

我的优势

- 2009-今　校毕业生就业指导中心（行政助理）
　　　接待来访（单位500家、学生2000人次），全程招聘会
　　　组织接听电话，整理文件，信息审核、录入、发布，
　　　经常加班至深夜，无一差错

- 2009.08　可口可乐（中国）饮料有限公司
　　　了解整车物流规划、零部件物流、普货物流等各类物流，掌握企业收货、仓储、发货、配送、物流包装、信息管理等流程

- 2010.01　美国大学生数学建模竞赛（获得二等奖）
　　　在三人团队中负责写作，3 天完成20 页英文论文，
　　　提出运用 Delphi 法，对于顺利建模起到关键作用

- 2008.11　学院辩论队（获得最佳风度选手奖）
　　　辩论队 5 人团队的组建和训练，
　　　在首场失利的情况下鼓励说服队员积极投入新比赛

- 2009.03　院学生会秘书处
　　　撰写新闻报道，编辑院刊，曾担任过礼仪（身高 170cm）

获奖情况

- 2008.01　全国大学生数学建模竞赛吉林省一等奖

- 2007-2009　　三次校一等奖学金（前 5%）

- 2009.03　校优秀团员

- 2008.03　院优秀学生社团干部

- 2010.03　院"三争两创"先进个人

其它技能

- 英语：　　CET-6：532（前2%）　CET-口语：A
　　　　　　有接待外宾经验，无障碍沟通
- 计算机：国家计算机二级，掌握 Matlab，C++
　　　　　　熟练应用 Word，Excel，PowerPoint 等常用办公软件
- 其它：　　速录（200字/分钟）

爱　好

- 长跑，书法
- 主持，多次主持广播节目、招聘会、活动
- 唱歌（民族唱法）

自我评价

- 喜欢思考，有服务意识，充满好奇感
- 乐于并敢于承担责任

　　调整后的简历内容，更能够表现出张小琳同学的能力特点，并且所有的文字没有一个字是废话。

　　那么，张小琳同学调整后的简历，是否能够满足德邦物流有限公司"行政助理"的岗位需求呢（图3-4）？

　　看来，岗位需求都已经被张小琳简历中所表达出的能力及技能所满足，张小琳同学也顺利的通过这份简历创造的面试机会，获得了梦寐以求的岗位。

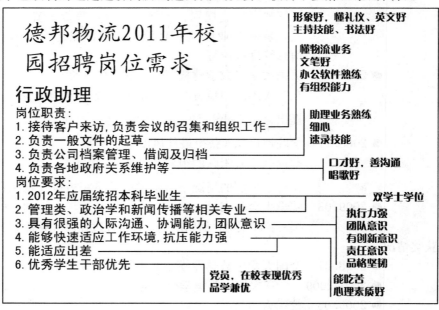

图3-4　德邦物流2011年校园招聘岗位需求

训练八 求职面试培训

 **案例分享**

成功者1号："面霸"是怎样炼成的

求职人：复旦大学历史系张同学

复旦大学历史系小张今年一共收到七份offer，其中包括四大会计师事务所的三份offer，其面试次数不下十次，成功率极高。那么"面霸"是怎样炼成的？

成绩是块"敲门砖"，小张在记者面前亮出她的成绩单，在校期间每门功课平均绩点不低于3.5。"这不是我自己定的，而是大多数跨国公司在高校宣讲会上的明文规定。"小张告诉记者，即使是那些没有明确规定绩点下限的企业也会根据在校成绩来直接删除一部分个人简历。

"如果让我再读一次大学，我一定拼命学英文，然后去考各种各样的英文证书。"尽管小张已经考出了专业英语、高级口译，但她仍非常强调这一点。记者在她寝室里发现了各种各样的英语书籍、磁带、VCD等。"英语好，就能和考官顺利沟通。"小张认为，大学英语六级合格只是一个起码的底线，如果能有专业英语、托福、高级口译等证书，你的英文水平会更有说服力。国际四大会计师事务所、全球500强的企业甚至一些大型国有企业，都非常重视应聘者的英文水平。她的一位室友悄悄地告诉记者，四年大学，"面霸"每天复习英语的时间绝对超过睡觉时间。

"面试时一锤定音，我认为来自事前充分的准备和平稳正常的心态。"在谈到自己的多次面试经历时小张同学这样总结。小张坦言自己经历过多家公司的面试"洗礼"，最初一次，是一家国际知名电脑公司，由于专业关系，自己对公司的背景完全不了解，首次面试更像"走过场"。

之后，小张悄悄做了两件事，一件事是专门找小单位进行"实战"练习，每一次面试自己都做足准备，公司的背景、企业文化、用人之道无一不了然于胸；另一件事是面试之前，小张针对自己的简历设想一些问题，并"储备"了不少体现自己领导能力、团队精神的事例。在面试过程中，小张认为自己表现自然、态度从容、不卑不亢，努力表现出了符合公司文化的气质。

经验总结：隐藏专业背景

小张认为，很多企业都有一套运作良好的培训机制，为新员工提供相关的专业指导，使其迅速成长为一个职业人。实际上，那些指明"专业不限"的公司的确很少会在专业问题上刁难应聘者。但实际上在真正的面试中，专业的鸿沟是不得不正视的问题。因此，在及时补充专业知识和职业素养的同时，还得巧妙地隐藏专业，让企业觉得你是个有潜力的年轻人。

案例分享

成功者2号：面试不打无准备之战

求职人：小李（毕业于某外语院校国际贸易专业，现供职于某知名化妆品企业）

临近毕业，我和同学们一样忙得团团乱转，哪里有人才市场，哪里就有我的身影。房地产公司、财政部门、银行、高校、咨询公司、销售公司……我几乎把所有与专业有所挂钩的单位都跑遍了，投了很多简历。良好的开端是成功的一半。不久，各个单位的面试通知果然开始陆陆续续地来了。

我经历的第一次面试是失败的，主考官当时让我即兴做一回5分钟的推销员。"当时我就懵了，不知道还有这招。"

后来又经历了一次面试。这回，主考官的花样是将10位求职者围成一个圆圈做抢答题。吃一堑长一智，我这次妙语连珠，而且把答案设计得与众不同。当时我觉得自己表现得很出色，可还是落选了。事后，我询问主考官，主考官对我说，我们单位最看中的是招聘者有务实的工作态度和真诚的合作意识，你的口才很好，但我们不需要。我这才悟出了一个道理：不同的单位、不同的职位有不同的需要，大智若愚与锋芒毕露都要"适销对路"才有用武之地。

我开始寻找面试应对的资料，在每次面试之前详细地了解对方的基本情况。在去我现在所在的这个公司面试的前一天，我拿着产品介绍书，专门跑到大商场里去辨认这些东西，并且扮成顾客的模样，请售货员讲解产品的性质和特点，我还从中了解到许多市场信息。

第二天面试的时候，有备而来的我凭着过硬的专业知识和灵敏的头脑，不仅流利地回答了考官的问题，还就产品结构与销售情况谈了自己的建议。最后，我就这样进入了我现在的单位。

经验总结：要广撒网，面试前要充分准备

对于年轻的毕业生来说，在应聘时广撒网很重要，尤其是就业形势紧张的时候。只要是和自己专业相关或是有兴趣的企业都可以去投简历，试一试。我当时就收到了很多企业的面试机会。

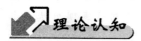理论认知

一、面试的种类

面试的种类很多，概括为以下几种。

1. 问题式面试

一般由两至数位招聘者组成评委组，其中一位任主试人。主试人根据事先拟定的面试提纲，对应试者提问。

2. 情景式面试

主试人设定一个情景，如提出一项工程计划，请应试者设法完成。其目的在于考核应试者处理特别情况或解决客观问题的能力。如应聘教师岗位需要试讲一节课，应聘办公室工作人员需要接几个电话、接待一个"来访者"等，均属于情景式面试。

3. 压力式面试

主试人有意识地对应试者施加压力，针对某一问题做一连串地发问甚至追根问底。目的在于观察应试者在压力下的反应，判断其应变能力。

4. 交谈式面试

与压力式面试相反，气氛比较轻松。主试人与应试者自由发表言论，在闲聊中观察应试者的能力、谈吐、气质和风度。

5. 综合式面试

主试人通过多种方式综合考察应试者的能力和素质。如用外语会话，以考察其外语水平；要求即兴作文，以考察其文字能力；要求上机操作，以考察其计算机水平。

二、面试的准备

（一）对用人单位情况及面试过程进行调查和研究

面试前应该尽可能地收集有关材料，主要有：用人单位的所有制形式、生产规模、技术设备、管理水平、对人才的使用和培养情况、在同行业中的位置、发展前景、保险与福利、历史、产品、服务等。然后根据企业的这些情况，分析自己的优势和不足，分析清楚自己是否喜欢这份工作、是否适合这份工作、是否有利于个人事业的发展等。另外，应该了解到对当天进行面试的人员有哪些、面试的时间安排、单位面试人员的个人情况、面试时的确切地点、面试的方式等。

（二）各类材料的充分准备

参加面试要带推荐表、协议书、个人简历、自荐信、成绩单以及有关证书等材料。如果应聘外资企业，最好将自荐信、个人简历等材料准备为中英文对照格式。对自己原始的资料要保存好。即使曾经发过求职信和个人简历，也应该再带上一份材料，以备用人单位需要。

（三）遵守时间，诚实守信

参加面试，最好提前一定的时间，以稳定自己的情绪和准备面试。如果有意外情况，最好能够在面试前通知单位。绝对不可以迟到，一般提前 10 分钟到达。

（四）服饰得体，仪表整洁

得体的服装对于工作面试有多重要？虽然一个工作人选的最后决定很少会取决于该人的服饰，但是第一轮的面试中很多人被淘汰是因为他们穿着不得体。这不是说你要掏钱去购买新衣裳，而是一定要搭配好一套适合面试穿的服装。最好的做法就是打扮得看似职位比目前所应聘的职位高。

男士应该穿整洁、保守的两件套西装，一件白色衬衣并配上一条丝质领带，穿上一双系带子的尖头皮鞋。这是最起码的服装搭配。但在一些企业里，穿上一件好的夹克、长裤、衬衣，配上领带就可以了。假如你不是很肯定对于一个特定的公司该穿什么样的衣服才适合，那么选择穿两件套西装是稳妥的。男士总是应该穿上夹克并打上领带去求职的，即使办公室里的任何人都穿着随便。这样的穿着会显得你很重视这次面试且对该公司充满敬意。参加面试时的着装应依据所应聘的岗位要求而定，做到整洁、大方、符合职业形象。

（五）对可能遇到的问题进行准备

如自我介绍，对行业的了解等，即可能出现的各类面试问题。然后可以利用自己的朋友或学校的老师，进行简单的模拟招聘，来修订自己某些方面的准备不足。

（六）自立自强，独立前往

在各类面试及咨询中，一定不要让自己的亲戚朋友代劳，自己要独立前往单位进行各项相关的工作。这样可以避免招聘单位怀疑个人的独立能力和自信心。

（七）对面试的开始和结束要提前做好准备

要准备好自己的面试开场白，如"能够参加面试我感到很高兴"、"非常感谢各位领导给我这样的机会"。另外，面试结束时一定要表示感谢，并进行必要的总结。

（八）面试结束一周之内，向面试人员和其他人员写感谢信

最好在面试结束后 24 小时内发出。

三、面试的礼仪

参加面试是一次重要的人际交往。得体的言谈举止及仪表是十分重要的。因此，无论你掌握多少面试技巧，面试时应注意的基本礼仪还是不可少的。

（一）面试之前

1. 服饰

男士应穿上整洁的服装，但不必刻意打扮。女士应穿得整洁、明亮，叮当作响的珠宝饰物、过浓的香水、没拉直的丝袜、未修过的指甲或是蓬松的头发等，都足以抵消求职信给考官的印象。

选择服装的关键是看职位的要求。应聘银行穿着应偏向传统正规；应聘公关、时尚杂志等，则可以适当地在服装上加些流行元素。除了应聘娱乐、影视、广告这类行业外，最好不要选择太过突兀的穿着。应届毕业生允许有学生气的装扮，可以穿休闲类套装。此外，应聘时不宜佩戴太多的饰物，这容易分散考官的注意力。

2. 守时

守时是职业道德的必然要求，提前 10～15 分钟到达面试地点最佳。提前半小时到达会被视为没有时间观念，但在面试时迟到或是匆匆忙忙赶到却是致命的。不管你有再恰当的理由，迟到也会被视为自我管理和约束能力差的表现。

路程较远，宁可早点出门，但早到后不宜立刻进办公室，可在附近的咖啡厅等候。

（二）面试之中

1. 敲门礼仪

进入他人的房间或办公室，都应该轻轻敲门，得到允许后方可进入，切不可贸然闯入。下面介绍一下公务员面试时考场敲门的礼仪。

敲门的指法：考生应用右手食指或者中指弯曲后敲门，不要用多个手指或者手背、手掌用力拍打。

敲门的节奏：敲三下，相当于"有人吗"、"我可以进来吗"的意思。咚咚咚之间的间隔为 0.3～0.5 秒，太快会让人感觉心烦，太慢会给人感觉散漫不自信。敲两下，表示自己与对方比较熟悉，相当于说"你好"、"我进来了"的意思。如果敲四下以上，则是很不礼貌的行为。

敲门的强度：力度大小应适中，要坚定并有一定力度。力度太大会让考官受到惊吓，给人以粗鲁没有教养的感觉；力度太小会让人感觉你胆子太小，紧张过度。

敲门后的等待：敲门后要等待考官应答。如果没有听到考官说"请进"的口令，考生应等待 3 秒钟再次敲门，声音适度提高一点；如果仍没有听到考官应答，则可以 3 秒钟后推门进入。

关门：无论考生进来之前门是开着还是关着，考生都要关门，这体现考生的修养。关门时声音不能太大，要用手扶着门柄关门。关门时要尽量避免整个背部正对考官。如果门上是碰锁，最好先旋起锁舌，关上门后，再放开，以减轻关门声对他人的干扰。然后，缓慢转身面对考官。

2. 问候礼仪

考生进入考场见到考官后要主动向考官问好，以示礼貌和尊敬。一般的问候方式是行鞠躬礼并问"各位考官好，我是×号考生"。

3. 鞠躬礼仪

鞠躬，意思是弯身行礼，是表示对他人敬重的一种郑重礼节。在我国，鞠躬常用于下级向上级，学生向老师，晚辈向长辈表达由衷的敬意。亦常用于服务人员向宾客致敬。有时还用于向他人表达深深的感激之情。

1）鞠躬的基本动作规范

（1）行礼时，立正站好，并拢双脚，保持身体端正。

（2）面向受礼者，距离为两三步远。

（3）男士的双手自然下垂，贴放于身体两侧裤线处；女士的双手下垂或搭放在腹前（右手搭在左手上）。

（4）伸直腰，以腰部为轴，整个肩部向前倾 15°以上（具体视行礼者对受礼者的尊敬程度而定），视线由对方脸上落至自己的脚前 1.5 米处（15°礼）或脚前 1 米处（30°礼）。

2）鞠躬的注意事项

（1）脖子不可伸得太长，不可挺出下颏。鞠躬时目光应该向下看，表示一种谦恭的态度，不可以一面鞠躬一面看着对方。

（2）鞠躬时，嘴里不能吃东西或叼着香烟。

（3）鞠躬礼节在直起身时，双眼应该有礼貌地注视着对方，如果视线移向别处，即使行了鞠躬礼，也不会让人感到是诚心诚意的。

（4）鞠躬时，弯腰速度要适中，之后抬头直腰，目视考官，等待回应。

4. 肢体语言

1）眼神

交流中目光要注视对方，但万万不可死盯着别人看。不只一人在场，要经常用目光扫视一下其他人，以示尊重和平等。

2）握手

当面试官的手朝你伸出之后，握住它，握手应该坚实，双眼要直视对方。不要太使劲，不要使劲摇晃；不要用两只手，用一只手握手在西方公司看来专业。手应当是干燥、温暖的。你刚刚赶到面试现场，用凉水冲冲手，使之冷静。手心发凉，就用热水捂一下。

3）坐姿

不要紧贴着椅背坐，不要坐满，坐下后身体要略向前倾。以坐满椅子的 2/3 为宜。这既可以让你腾出精力轻松应对考官的提问，又不至于让你过于放松。

4）小动作

在面试时不可以做小动作，比如折纸、转笔，会显得很不严肃，分散对方注意力。不要乱摸头发、胡子、耳朵，这被理解为你在面试前没有进行个人卫生。用手捂嘴说话是紧张的表现，应尽量避免。

5）谈吐

语言是求职者的一张名片，它客观反映了一个人的文化素质和内涵修养。面试时对所提出的问题回答要恰到好处，不夸夸其谈、夸大其词。谈吐上应把握几个要点：①要表现个人的优点和特长，并有很好的可信度，语言要概括、简洁，不要拖泥带水。②要展示个性，使个人形象鲜明，可以引用别人的言论，如用教师、朋友的评论支持自己的描述，以事实说话，少用虚词、感叹词。③要注意语言逻辑，介绍时层次分明。④尽量不用简称、方言、土语和口头语，以免对方难以听懂。当回答某一问题时，应如实告诉对方，含糊其辞和胡吹乱侃会导致面试失败。

5. 面试告别礼仪

当主考官示意面试结束时，应微笑起立，感谢用人单位给予自己的面试机会，然后道声"再见"，没有必要握手（除非考官主动伸手）。如果之前进入面试室时有人接待或者引导，离开时也应一并致谢告辞。

面试后的两三天内，求职者最好给招聘人员写封信表示感谢。感谢信要简洁，最好不超过一页纸。信的开头应提及自己的姓名、简单情况，并对招聘人员表示感谢。感谢信的中间要重申对公司、应聘职位的兴趣，信的结尾可以表示对胜任岗位的信心，为公司的发展做贡献的决心。

（三）求职面试礼仪的注意事项

1. 早点出门，不要迟到

掌握面试的基本模式，最好是提前 10～15 分钟到达面试地点，以示求职的诚意，给对方以信任感。面试前，有必要先到用人单位去看一下，记住面试的时间和地点，如果实在因故迟到了，要道歉并说明原因，以征得对方的谅解。

2. 做好面试前的形象准备，要修饰仪表

头发要梳整齐，领带要系正，皮鞋要擦亮，着装要整洁、大方、得体。女同学化妆不要太浓，忌穿金戴银，以免让人觉得你轻飘飘的。

3. 注意主试人的面部表情

对方讲话时要认真倾听，并用点头表示同意，不要随便插话。

4. 回答问题要注意吐词和声调

回答主试人的问题，吐词要清楚，声音不要太大或太小，答语要简练、完整，忌用口头语回答问题。

5. 谈话时注意力要集中

谈话时，眼睛要适时的注视对方，不要东张西望。

6. 面试成功与否，都要礼貌告退

主试人当场表态可以接受你，面试成功，当然要向对方表示感谢，并表示今后将好好工作。主试人当场没表态，说明对方还要进一步考查，不要急于逼对方表态；面试不成功，也不要做出过激行为。

四、面试技巧分析

1. 面试技巧 1：对所在圈子一定要了解

出镜人：李豹，清华大学研究生，就职于一家美国驻华的公司。

我是在 2005 年年末的时候进入这家公司的，总共经历了三轮面试。第一轮是中国地区公司的一个副手，他对我的面试有点类似于聊天性质的，我就跟他说一说我的个人简历，自己的一个大致经历，以及自己对未来发展的一个看法，然后他向我介绍了一下公司的情况。

面试技巧：这一过程其实是一个相互了解的过程，不仅是公司在了解应聘者，也是应聘者了解这家公司是否适合自己的一个途径。

第二轮是中国区的首席代表对我进行的面试，他主要问我以前做过一些什么项目。

面试技巧：在这个过程中，一般面试官问这些问题就是想了解你的基本能力，看你是否具备一定的专业素质，另外，还会考查你是否是这个圈子里的人。所以，当时首席代表就问过我一个问题："你认识某某吗?"，这就是考查你对这个圈子的认知程度了。所以，对于自己圈子里的人一定要有所了解，对这个行业、这个圈子里的发展动态也要尽可能多地了解才好。

第三轮就是美国过来的 CEO 对我的面试。他们的面试方式总是很特别。起初先是他的助理跟我进行了约十分钟的对话，然后他才进来对我进行面试。他问我的第一个问题是："告诉我你的两个缺点"。我当时有点不太适应，停顿了几秒钟，考虑了一下，然后回答他："经验缺乏和喜欢争论"。CEO看完我的简历后，拿笔圈出了5个圈，告诉我这些地方存在什么毛病，连标点符号都不放过。

面试技巧：老板的严谨和认真给我留下了深刻的印象，也让我对工作的认真态度提高了一层。在和老板对话的时候，不要急着回答他所提的问题，要想一下再作答。另外，对于自己的能力不要去掩饰，要很大方地表现自己的能力和水平，让老板在最短的时间内对你产生兴趣，被录用的机会就会增大。要在平时注意培养自己各方面的素质，比如言谈举止。要锻炼自己的语言表达能力，要有说服人的本领。

2. 面试技巧2：不要让简历撒谎

出镜人：石汶，现宝洁公司职员。

宝洁公司的面试比较严格，自有一套比较严谨的招聘流程。先是进行网上申请，然后进行中文考试，再通过托业考试，这些都过了以后，还要进行两到三次的面试。第一轮面试的时候让我举很多例子，包括自己在学校的时候都举办或者参加过什么活动，在活动中遇到过什么困难，又是怎么解决这些困难的。他们就是不断挖掘你所经历事情的一切细节，通过这些细节来看你的实际能力。

面试技巧：千万不要让自己的简历中存在谎言，因为如果不是你做过的事情，当被问及细节时一定会穿帮的，那么你就没有任何机会进入这个公司了。另外，对于自己的简历一定要准备得充分些，把自己的所有优势都集中考虑一下，整理出一个清晰的线路，这样，问到什么你就可以很从容地回答了。另外，一定要了解自己到底想要什么职位，要学会察言观色，了解人家想知道什么信息。不要急着说话，要慎重，思维也要集中一点，不要眼高手低，了解自己的能力最重要。

最后一轮面试我赶上了英文面试，倒没有太多问题，很轻松地就过了，只要把意思表达清楚就可以了。

面试技巧：到外资企业工作英文一定要好，不然交流起来困难太多。因为往往很多往来邮件都是英文性质的。需要提醒找工作的人，不要在你已经获得了一份工作以后，就放弃了其他单位的应聘机会。参加各种应聘不一定是要频繁换工作，而是你可以借着应聘对很多公司企业有一个了解，这也是成长的一个机会，没准对以后从事的工作会有所帮助。我当时就只参加了宝洁的面试，现在想来有点遗憾。

五、面试的关键点

（一）第一印象，作用关键

第一印象在人们的相识中往往起到十分重要的作用，因此大学生在参加面试之前，要对自己的整体形象进行设计。服饰要整洁、朴素、自然、大方，女同学化妆要得体。

（二）彬彬有礼、不卑不亢

大学生在面试过程中要表现出良好的道德素养，注意礼节。如，不要在门口徘徊不定，敲门经允许后方可入内。进入招聘现场后，要有礼貌。如果主试人向你介绍其他招聘者时，要点头致意或主动问候，并努力记住每个人的姓名、职务。要恰当使用："您好"、"谢谢"、"再见"等礼貌用语，做到谦恭礼貌，不卑不亢。

（三）自然得体、重视沟通

大学生在面试过程中要自信、坦诚、适度、得体，微笑是一种无声的语言，它可以显示出你的自信、魅力与涵养。无论是在寒暄的时候，还是在回答问题或告别的时候，面带微笑都能够使招聘者感到心情愉悦。在回答问题时眼睛要注意看着问话人，如果有几位招聘人，要用眼神与其交流以示尊重，态度要友善、诚恳、自然。

（四）注意倾听、有问必答

注意倾听是交谈中的重要礼节，也是获得准确信息的重要手段。有些学生在参加面试前做了充分准备，面试一开始就急于表达，由于没有掌握倾听的艺术，没有做到有问必答，往往影响了自己的竞争力。

（五）观察环境，巧用形体

求职者在进入招聘现场后，要注意观察周围环境。例如，有一家招聘单位故意将一把拖把横放在招聘大厅内，前十几位面试者都迈过拖把，而有一位考生则不慌不忙地将其扶起，并问主试人："我可以把它放在门后吗？"他用非常简单的形体动作和简单的语言赢得了众人翘首以望的工作。另外，如果是坐在椅子上回答问题，身体可微微前倾，最好不要将胳膊放在桌子上，不要跷二郎腿，也不要双腿颤动。

（六）吐字清楚、思路明确

在主试人提出问题后，不要急于回答，可以稍等三四秒钟，便于理清思路。阐述观点时吐字尽量清楚。如果招聘人员使用地方语言，而你恰好掌握此种方言，若能够使用它往往容易使对方认同你，从而加大你成功的概率。一般情况下，最好使用普通话。

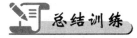 总结训练

面试的问答示例

问题一："请你自我介绍一下"

思路：①这是面试的必考题目。②介绍内容要与个人简历相一致。③表述方式上尽量口语化。④要切中要害，不谈无关、无用的内容。⑤条理要清晰。⑥事先最好以文字的形式写好背熟。

问题二："谈谈你的家庭情况"

思路：①对于了解应聘者的性格、观念、心态等有一定的作用，这是招聘单位问该问题的主要原因。②简单地罗列家庭人口。③宜强调温馨和睦的家庭氛围。④宜强调父母对自己教育的重视。⑤宜强调各位家庭成员的良好状况。⑥宜强调家庭成员对自己工作的支持。⑦宜强调自己对家庭的责任感。

问题三："你有什么业余爱好？"

思路：①业余爱好能在一定程度上反映应聘者的性格、观念、心态，这是招聘单位问该问题的主要原因。②最好不要说自己没有业余爱好。③不要说自己有哪些庸俗的、令人感觉不好的爱好。④最好不要说自己仅限于读书、听音乐、上网，否则可能令面试官怀疑应聘者性格孤僻。⑤最好能有一些户外的业余爱好来"点缀"你的形象。

问题四："你最崇拜谁？"

思路：①最崇拜的人能在一定程度上反映应聘者的性格、观念、心态，这是面试官问该问题的主要原因。②不宜说自己谁都不崇拜。③不宜说崇拜自己。④不宜说崇拜一个虚幻的或是不知名的人。⑤不宜说崇拜一个明显具有负面形象的人。⑥所崇拜的人最好与自己所应聘的工作能"搭"上关系。⑦最好能说出自己所崇拜的人的哪些品质、哪些思想感染着自己、鼓舞着自己。

问题五："你的座右铭是什么？"

思路：①座右铭能在一定程度上反映应聘者的性格、观念、心态，这是面试官问这个问题的主要原因。②不宜说那些易引起不好联想的座右铭。③不宜说那些太抽象的座右铭。④不宜说太长的座右铭。⑤座右铭最好能反映出自己某种优

秀品质。⑥参考答案——"只为成功找方法，不为失败找借口"。

问题六："谈谈你的缺点"

思路：①不宜说自己没缺点。②不宜把那些明显的优点说成缺点。③不宜说出严重影响所应聘工作的缺点。④不宜说出令人不放心、不舒服的缺点。⑤可以说出一些对于所应聘工作"无关紧要"的缺点，甚至是一些表面上看是缺点，从工作的角度看却是优点的缺点。

问题七："谈一谈你的一次失败经历"

思路：① 不宜说自己没有失败的经历。②不宜把那些明显的成功说成是失败。③不宜说出严重影响所应聘工作的失败经历。④所谈经历的结果应是失败的。⑤宜说明失败之前自己曾信心百倍、尽心尽力。⑥说明仅仅是由于外在客观原因导致失败。⑦失败后自己很快振作起来，以更加饱满的热情面对以后的工作。

问题八："你为什么选择我们公司？"

思路：① 面试官试图从中了解你求职的动机、愿望以及对此项工作的态度。②建议从行业、企业和岗位这三个角度来回答。③参考答案——"我十分看好贵公司所在的行业，我认为贵公司十分重视人才，而且这项工作很适合我，相信自己一定能做好。"

问题九："对这项工作，你有哪些可预见的困难？"

思路：① 不宜直接说出具体的困难，否则可能令对方怀疑应聘者不行。②可以尝试迂回战术，说出应聘者对困难所持有的态度——"工作中出现一些困难是正常的，也是难免的，但是只要有坚韧不拔的毅力、良好的合作精神以及事前周密而充分的准备，任何困难都是可以克服的。"

问题十："如果我录用你，你将怎样开展工作"

思路：① 如果应聘者对于应聘的职位缺乏足够的了解，最好不要直接说出自己开展工作的具体办法。②可以尝试采用迂回战术来回答，如"首先听取领导的指示和要求，然后就有关情况进行了解和熟悉，接下来制订一份近期的工作计划并报领导批准，最后根据计划开展工作。"

问题十一："与上级意见不一致，你将怎么办？"

思路：①一般可以这样回答"我会给上级以必要的解释和提醒，在这种情况下，我会服从上级的意见。"②如果面试你的是总经理，而你所应聘的职位另有一位经理，且这位经理当时不在场，可以这样回答："对于非原则性问题，我会服从上级的意见，对于涉及公司利益的重大问题，我希望能向更高层领导反映。"

问题十二："我们为什么要录用你？"

思路：①应聘者最好站在招聘单位的角度来回答。② 招聘单位一般会录用这

样的应聘者：基本符合条件、对这份工作感兴趣、有足够的信心。③如"我符合贵公司的招聘条件，凭我目前掌握的技能、高度的责任感和良好的适应能力及学习能力，完全能胜任这份工作。我十分希望能为贵公司服务，如果贵公司给我这个机会，我一定能成为贵公司的栋梁！"

问题十三："你能为我们做什么？"

思路：① 基本原则上"投其所好"。② 回答这个问题前应聘者最好能"先发制人"，了解招聘单位期待这个职位所能发挥的作用。③应聘者可以根据自己的了解，结合自己在专业领域的优势来回答这个问题。

问题十四："你是应届毕业生，缺乏经验，如何能胜任这项工作？"

思路：① 如果招聘单位对应届毕业生的应聘者提出这个问题，说明招聘单位并不真正在乎"经验"，关键看应聘者怎样回答。②对这个问题的回答最好要体现出应聘者的诚恳、机智、果敢及敬业。③如"作为应届毕业生，在工作经验方面的确会有所欠缺，因此在读书期间我一直利用各种机会在这个行业里做兼职。我也发现，实际工作远比书本知识丰富、复杂。但我有较强的责任心、适应能力和学习能力，而且比较勤奋，所以在兼职中均能圆满完成各项工作，从中获取的经验也令我受益匪浅。请贵公司放心，学校所学及兼职的工作经验使我一定能胜任这个职位。"

问题十五："你希望与什么样的上级共事？"

思路：①通过应聘者对上级的"希望"可以判断出应聘者对自我要求的意识，这既是一个陷阱，又是一次机会。② 最好回避对上级具体的希望，多谈对自己的要求。③如"作为刚步入社会的新人，我应该多要求自己尽快熟悉环境、适应环境，而不应该对环境提出什么要求，只要能发挥我的专长就可以了。"

问题十六："您在前一家公司的离职原因是什么？"

思路：① 最重要的是：应聘者要使招聘单位相信，应聘者在过往的单位的"离职原因"在此家招聘单位里不存在。②避免把"离职原因"说得太详细、太具体。③不能掺杂主观的负面感受，如"太辛苦"、"人际关系复杂"、"管理太混乱"、"公司不重视人才"、"公司排斥我们某某的员工"等。④不能躲闪、回避，如"想换换环境"、"个人原因"等。⑤不能涉及自己负面的人格特征，如不诚实、懒惰、缺乏责任感、不随和等。⑥尽量使解释的理由为应聘者个人形象添彩。⑦如"我离职是因为这家公司倒闭。我在公司工作了三年多，有较深的感情。从去年始，由于市场形势突变，公司的局面急转直下。到眼下这一步我觉得很遗憾，但还要面对现实，重新寻找能发挥我能力的舞台。"同一个面试问题并非只有一个答案，而同一个答案并不是在任何面试场合都有效，关键在于应聘者掌握了规律后，对面试的具体情况进行把握，有意识地揣摩面试官提出问题的心理背景，然后投其所好。

常见的面试形式及问题

1. 一对一形式

（1）问题：你了解我们的岗位职责吗？

（2）问题：若公司让你做你不愿意做的事你怎么办？

（3）问题：你有没有向其他公司投简历？

（4）问题：你认为你跟＊＊＊（你认识的）之间，公司应该选谁？

（5）问题：请你讲一讲这个岗位需要的专业基础知识有哪些？要如实回答（基本的专业知识要掌握），然后反过来请教面试官。

（6）问题：在大学里你学到了什么？（不止是知识，还有做人）

（7）问题：请你对老师（朋友、自己）进行评价。

（8）问题：请你谈一谈对你影响最大的人。

（9）问题：你对未来的规划是什么？

（10）问题：请你谈一谈最近发生的国家大事和时事有哪些？（影响所应聘工作的发展）

（11）问题：请你讲一讲最近遇到的一些突发事件。（考察应变能力）

（12）问题：你了解我们的企业文化有哪些？

2. 一对多形式

3. 多对一形式

4. 管理游戏

5. 压力面试

6. 无领导小组讨论

无领导小组讨论评价标准：

（1）参与程度

发言次序：第一个发言的易出错，最后发言不能引起注意发言频率

（2）表达能力（语言、文字）、解决分析问题能力

（3）发生冲突时的沟通能力（包括倾听能力及是否听取别人意见）

（4）扮演的角色（领导者、时间控制者、协调者、记录者、破冰者）

（5）对谈论的推动程度

（6）有没有抢别人的话；别人发言时，有没有倾听

训练九　求职笔试培训

笔试主要适用于应试人数较多、需要考核的知识面较广或需要重点考核文字能力的情况。大企业、大单位大批量用人，国家机关选聘公务员，往往采用这种考核形式。本节主要介绍笔试的作用、常见的笔试种类、笔试的准备、笔试的应试策略、笔试的方法、笔试的复习技巧、笔试的解题方法与技巧，旨在提高求职者的笔试能力。

一、笔试的作用

（1）笔试是用人单位对求职者的专业知识、文字表达能力和书写态度等综合素质能力的一次有据可查的测试。

（2）它可以防止任人唯亲、徇私舞弊等不正之风，也可以作为求职者能力的留档记录。

（3）笔试的结果是根据一定的标准答案评定出来的，它弥补了面试结果往往是根据个人爱好、感情用事等评分缺陷。笔试得出的分数往往可靠、真实且排名简易。对求职者们来说是一次公平的竞争，对用人单位来说是检查和核实求职者真才实学的办法。

（4）笔试的试卷又是决定求职者去留的最科学的法律文体本。因此，笔试是用人单位测试求职者的重要砝码。

通常，笔试主要限于一些专业技术要求很强或对录用人员素质要求很高的单位，如公务员、跨国公司、知名企业等。特别是一些新闻类的用人单位，它们经常通过笔试来决定对某个求职者是否录取。因此，求职者不可小视笔试，必须认真对待。有些单位往往首先通过笔试来确定进一步的面试人员名单。

二、常见的笔试种类

（一）专业考试

这种考试主要是为了检验求职者文化知识水平和相关的实际能力。一名合格的高等学校毕业生在学校经过几年培养，各门功课都取得了一定的成绩，所以一般都可免于笔试，只要看看成绩单就可大致了解其知识能力的基本情况。但也有一些特殊的用人单位，需要通过笔试的方法对求职的毕业生进行文化专业知识的再考核。例如，外贸企业招聘职员要考外语，公检法机关录用干部要考法律常识等。

（二）心理测试

心理测试是用事先编制好的标准化量表或问卷要求求职者完成，根据完成的数量和质量判定其心理水平或个性差异。一些特殊的用人单位常常以此测试求职者的态度、兴趣、动机、智力、性格等心理品质。

（三）智商测试

智商测试主要测试求职者的记忆力、分析观察能力、归纳能力和思维反应能力。它们一般对毕业生的所学专业没有特殊要求，但是对毕业生的综合素质要求很高。

（四）技能测验

技能主要包括毕业生熟练操作计算机、进行英语会话和阅读的能力，以及在财会、法律、驾驶等方面的能力。技能测验实际是变相考核毕业生对专业知识的掌握，及其动手能力和实践能力。

（五）命题写作

这种考试的目的在于考察文字表达能力及分析问题和逻辑思维的能力。例如，限时写出一份会议通知、请示报告或某项工作总结，也可能提出一个论点，要求予以论证或批驳等。

（六）国家公务员录用考试

用人单位运用笔试方式时，可能只进行单一的专业考试，也可能将专业考试、命题作文、心理测试综合进行。国家公务员的考试就是明显的例子。国家公务员的考试方式分为甲种、乙种、特种三类，并相应规定了各自的录用办法。甲种考试主要是录用非领导职务的一般公务员，实行面向社会的公开竞争性考试。毕业生求职中遇到的多是这种考试。甲种考试的考试科目为法律、政治、行政学、公文写作、英语及能力考试等。

三、笔试的准备

（一）良好的笔试成绩来自于平时的努力学习

在学习期间要刻苦学习，注意经常复习，熟练掌握所学专业及基础知识，这样在考试时就能信心十足，得心应手。不要"临时抱佛脚"，靠猜题押宝。

（二） 笔试前应进行简单的复习

复习已学过的知识是笔试准备的重要一环。一般说来，笔试都有大体的范围，可围绕这个范围翻阅一些有关图书资料。有些课程内容，因学过时间已久，可能淡忘，经过简单的复习，有助于恢复记忆。

（三） 保持良好的身心状态

求职笔试不同于升学考试。临考前，一要坚决卸下思想负担，二要保证充足的睡眠，三要适当参加一些文体活动，使高度紧张的大脑得到休息，以充沛的精力去参加考试。

四、笔试的应试策略

（一） 先易后难，先简后繁

笔试题型多、内容多，又要限时答好，必须合理安排答题时间。拿到考卷后，先要看清注意事项、答题要求，然后从头到尾大略看一下试题，了解题目类型、分量轻重、难易程度，根据先易后难、先简后繁的原则确定答题步骤。

（二） 精心审题，字迹清楚

在具体答题时，必须认真审题，切实弄清题目要求，逐字逐句分析题意，按要求进行回答。书写时，力求做到字迹清楚，卷面整洁，格式、标点正确，不写错别字。

（三） 积极思考，回忆联想

有些试题的设计，从理论和实践两个方面检查考生的基础知识和技能，并以综合运用为主，检验考生的实际水平和学习灵活性。因此，有的试题是具有一定难度的。考试时要积极思考，努力回忆学过的知识，并进行联想，将已学过的有关内容相互联系起来比较分析，积极思考，找出正确答案。

（四） 掌握题型，答题精细

要了解各科考题的特点，熟悉每种题型的答题方法，防止出现不必要的差错。常用的题型有填空题、选择题、问答题、判断题、应用题、作文题等。

1. 填空题

填空题是一般试卷中不可缺少的基本题型，用以检查考生对这些知识所掌握的情况。答题时必须看清题目要求，是填词、填句、填符号还是其他。

2. 选择题

选择题是对试题从备选答案中选出一个或几个正确、恰当的答案。要做好这类题型，可运用检验法，凭所掌握的知识进行选择；可使用排除法，将题目中错误的、不恰当的选项逐个排除；可选用计算法，通过计算选出正确答案。

3. 问答题

问答题要求考生对试题提出的问题做出回答，较多的是要求用简单的语句回答简单的问题。答题时要对准中心、抓住重点、开门见山、简明扼要。落笔前要思路清晰，按要求作答。

4. 判断题

判断题要求对所给命题做出明确的是或非的回答。一般判断题只有一个误点，最多两个，较多出现在基本知识中易混淆、易误解的常识性知识部分，必须把结题集中在这个部分上。

5. 应用题

应用题要求考生运用所学知识解决实际问题。应根据题目的要求，选择恰当的方法，予以解决。结题时先找出关键词，理解题意，再认真仔细地做，确保正确无误。

6. 作文题

作文题要求在规定的时间和空间内写好。审题要果断正确，迅速地扣住作文题目的关键词，确定写作中心。写作提纲应简略，不要太费时间，只要能反应文章的基本思路、段落层次即可。行文时要正确计时，合理分配时间，对需要修改加工的词句，可先跳过去，留待最后解决。写好后注意检查，理顺句序，检查标点符号及是否有错别字等。

五、笔试的注意事项

笔试的主要内容是基础知识和专业技能知识，其次是同专业知识相关及同招聘单位招聘岗位相关的某些知识。参加笔试要注意以下几点。

（一）增强信心

笔试怯场，大多数是由于缺乏自信心所致的。客观冷静地对自己进行正确评估，就能克服自卑怯场心理，增强自信心。应聘笔试不同于高考、考研，后者是一锤定音，而前者存在多次机会。

（二）认真对待

求职考试不仅考知识、能力，还要看应试者的文字功夫、应试态度。求职者参加考试的经验已很多，如何答题、力争考出好成绩自然不必多言，而要提醒的一点是：卷面应力求整洁、清晰，不管什么客观原因都要认真对待。书写潦草、字迹模糊，不仅影响考试成绩，还会影响到主考官的印象。认真的态度、严谨的作风、工整的字体，会增加录用天平向求职者倾斜的可能性。

（三）掌握科学的答卷方法

当求职者拿到笔试试卷后，首先要迅速通览一遍，大体的顺序是先易后难，注意答题时要掌握主次之分。

（四）特殊情况特殊处理

对于部分特殊的试题，不要慌张，也不要因此失去信心。因为大家水平相近，只要尽力就好。因此，从某种意义上讲，笔试考的不仅是书面知识，还考察求职者的综合素质，尤其是心理素质。

六、笔试的方法

笔试的方法很多，通常有以下几种。

（一）测试法

比起作文法和论文法，测试法运用得最多，在一些国家，甚至是唯一的考试方法，如美国的托福考试，GRE 考试等。常见的测试法有：①填充法。也称填空法，主要是往缺少词语的句子里填充词语。做法有简有繁。②是非法。也称订正法或正误判断法，是要求判断内容正误的方法。③选择法。即对某一词句或问题提出若干容易混淆的解释，要求肯定其中一种正确的解释作为答案。④问答法。要求考生对提出的问题作出回答。大都是要求用简单的词语回答简单的问题。

以上方法相互交叉，比如选择法同时也是辨别是非的方法。所列举的多半是简答形式，它只要求用一个词，甚至一个符号做答，至多不超过一句话。同时，都力避需要死记硬背的内容。

但是测试法的缺陷也很明显。如它追求简单唯一正确的答案，只能训练求同思想和聚合思维，而不利于求异思维和发散思维的训练；它不能充分反映求职者的表达能力；把所有精神现象都用简单化的方法加以反映，也难以一一做到准确，一些复杂心理现象的考察，远不是这些方法所能济事的。因此，出题单位在用测试法的时候，题目特点往往是：问题明确、简练；出题量大；问题涉及面广；问题的难度适当；多项选择中的选择小题多。所以，笔试者在参加测试题时要根据题型的特点去复习，以免失误。

（二）论文法

这种方法在我国已有较长的历史，在招聘选拔人才的笔试中曾被普遍采用过。这种方法与测试法的明显不同是，它可以使应试者做出自己的答案。如果说测试法是封闭性考试或识别性考试方法的话，那么论文法则是开放性考试或表达性考试方法。

论文测试的内容，主要是让应聘者对职业选择的具体问题作出评价，对某种现象作出分析或写出感想。事故分析、对公司或经理的评价、读后感等都属于论文的测试性质。

论文测试远比简单的测试题更能判断一个人的水平，其缺点是评分难以制定出切实的标准答案，容易渗入主观因素。同时，论文测试题多属于理解性的，对促进实际技能的训练无更多的助益。在解答这类题型时应该读透题意，解释全面。

（三）作文法

作文法笔试是我国的传统考试方法，目前它演变为两种。

1. 供给条件，实行限制性作文

供给条件的作文，就是让应聘者根据考试者提供的一定条件，在一定范围内作文。比如先让考生阅读一封他们考前不易猜测到内容的信，然后让他们根据信里提出的问题写回信。这样既可以避免押题，又利于考出真实成绩，考试时又利于应聘者思想迅速集中，循着一定的思路作文。

2. 分项给分，综合评定

就是按作文的构成因素，区分项目，分别给分，然后给予综合性的评定。如先区分为内容和形式两个方面，内容方面再区分为立意和取材两项；形式方面区分为段落结构、词句、文字、书写、标点符号等项。这样分项给分，然后综合起来，予以总的评定。这里要注意，由于文字书写、用词语句的正误，具体而明显，往往易于形成印象，吸引注意力，因而也就易于左右分数。所以应聘者在进行作文考试的时候，一定要在主题表达清楚的同时，认真对待字、词、句及标点符号，以取得用人单位的好印象，并取得高分。

七、笔试的复习技巧

要在笔试中取得好成绩，关键在于牢固地掌握所学知识。在系统复习前，制定一份合理的、具体的、切实可行的复习计划，掌握一个实用、有效、科学的记忆方法，无疑会为应聘笔试打下成功的基础。

1. 计划周全

（1）对考前复习的情况进行具体分析，包括需要复习的内容，自己掌握知识和能力的情况，哪些内容是自己掌握得不好或没有掌握的，有多少复习时间，如何分配等。

（2）妥善安排复习时间和内容，计划出每一科复习大致需要多少时间，每一阶段要达到什么目标，复习什么内容。不仅要有总的复习目标，还应有阶段性的目标。复习计划中的复习活动要多样化，各科复习交替进行。

（3）复习计划制定后要严格执行，以顽强的意志控制自己的复习。要增强战胜困难的信心，采用限时量化复习方法，加快复习速度，提高复习效率。

（4）要张弛有度、劳逸结合，防止过度疲劳，要以充沛的精力确保复习计划的执行。

2. 方法得当

1）归纳提炼法

将大量的知识归纳提炼出来，用一个简明的表格、提纲或几句精练的语言准确地写下来。把个别的概念、定义放到知识体系中贯穿思考，并弄清相互联系、衔接，列出它们的相似点和不同点，抓住概念、定义等基础知识。弄清相互联系和区别，是加深理解、强化记忆的有效方法。

2）系统排列法

对归纳提炼出来的知识点，进行求同存异，使之成为系统的排列过程。在系统排列时，依据某些修改的或相似的特征为基础，不断地把较小的组或类联合为较大的组或类。也可采用相反的方式，依据对象的某些特征或特征差异为基础，把它划分为较小的组或类。通过这种系统排列，组成一定的顺序，从而找出各部分之间的联系和关系，更好地认识其特性。

3）厚书变薄法

把章节或单元的知识按一定的科学系统自编提纲，进行高度概括，把厚书变薄。原则是具有科学性，把大量看起来是单一的或逐个理解的知识内容有意识地归并到某个知识体系中，从横向、纵向上形成有机联系，组成一条知识链。在概括学习内容时，抓住关键的知识点，前后联系，纵横结合，起到提纲挈领的作用。

4）串联建构法

在系统复习的基础上，对章节与章节、单元与单元进行各种串联，作更高层次理解。对已掌握的知识进行整理、归纳、分类、列表，以形成自己的知识体系，建立起良好的认知结构。在复习每个具体内容时，先冷静地想一想，再看书。逐个章节在脑子里过一遍电影。这种方法可以改变一味死记硬背的方法，从整体上把握知识。

在运用上述几种方法复习时，必须动员各种器官参与复习活动。手脑并用，学思结合。同时把反复感与尝试回忆相结合，这样，就会收到良好的复习效果。

八、笔试的解题方法与技巧

（一）客观性试题的解答技巧

客观性试题是指能客观判分，不受个人主观意志影响的试题。下面就三类常见客观性试题的解答技巧作简单介绍。

1. 选择题的解答技巧

选择题是客观性试题中最主要、最活跃的题型，从答题要求和角度看，有单选题、双选题和多选题三种类型。三类选择题在结构上以题干和备选答案的组合形式最为普遍，选项以四个居多。答题时，一定要认真阅读答题要求，是单项选择还是多项选择，选错或多选、少选是否倒扣分等，明确这些问题，防止答题偏离。下面介绍解答选择题时使用较多的几种方法和技巧。

1）逐项淘汰法

在解答单项选择题时，要将题干和选项结合起来阅读，每阅读一次题干和一个选项，要进行一次分析，看是否符合题意，不符合就迅速转入下一选项，依次阅读下去，加以认定。在不能确定选择项时，还可以采取定异去同的办法进行淘汰，即在迅速读完题干和选项后，选出其中一项与其他项有某些特征差异的为参考项，再将其余选项与之比较，凡特征大致相同的项就淘汰，特征不同的就保留。

2）印象认定法

这种方法是当快速读完一道题的题干与选项后，若某些选项在头脑中最先形成正确选项的印象，便可将此项定为入选项。

3）比较法

这种方法将备选项进行相互比较，将各选项与题意要求进行比较，最后以各选项与题意要求差异的大小，分辨出最符合题意的选项。

4）大胆猜测

在解答选择题的过程中，有时会出现使应考者运用各种方法都无法认定正确选项的现象，使考生举棋不定，这样会耽误答题的时间，妨碍后面题的正常回答。若遇到这种情况，考生便可采用大胆猜测的方法确立正确的选项。

2. 填空题的解答技巧

填空题是笔试的基本题型之一。在题型结构上具有试题内容陈述不完整的特点，即由命题者设置一定的文字环境，并按测试目的、要求，有意除去试题内容中的某些字词、短语、日期、句子或语段，并将相应位置突出，要求应试者在空白处填上符合题意的内容。填空题考查的内容往往是易忘、易混、易错的重点内容，并且答案是唯一的，考生答题时要引起注意。

3. 判断题的解答技巧

判断题通常只能检测记忆、理解、分析一类低层次的认识能力。要求考生作出正误判断的内容常常是有意义的概念、事实、原理、结论等。简单、容易是判断题答题、评分的共同特点。但考生不要以为作答方式简单、解题容易而粗心大意，判断题的解答同样需要思路对头、方法得当，要注意表现形式，结论必须明确，以免失误。

解答判断题的关键在于能否正确地找出或辨析出试题的设错方式。比较常见的有事实错、前提错、逻辑错、隶属错以及概念使用、词语表达方面的错误等，判断时务必全面地、细致地考查题目陈述内容的含义，以免被试题中的个别内容所迷惑。另外，对不能作出准确判断的试题，也应在作答处大胆画上一个对或错的符号，但对倒扣分的题目还必须经过慎重考虑再作决定。

（二）主观性试题的解答技巧

主观性试题是相对于客观性试题而言的，它是指那些判分易于受到阅卷人员主观因素影响的试题。这种试题形式有简答题和简述题、名词解释题、案例分析题、论述题等。

1. 简答题和简述题的解答技巧

简答题是录用考试中的一种常见题型。每一道简答题一般由一个简单的问句构成，着重考查考生对基本概念、基本原理的掌握程度，以及运用掌握的理论知识分析判断实际问题的能力，同时也检测考生对一些重大事件、重大原则等内容的记忆、理解和辨别能力。要求考生用适当字词、短语或句子对此作简要的回答。考生在解答时，要辨别题型是简答题还是简述题。两者虽然只有一字之差，但答题的要求却有很大的不同。一般说，简答题的要求较低，考生只需几个字或一两句话便可完成解答，并且正确答案是唯一的。回答简答题时要注意观点鲜明、内容完整、针对性要强，同时文字要简明。

考生在对简述题作答时，只简单地给出内容要点是不够的，必须阐述一些与此相关的内容和材料，同时加入自己的理解和观点，即要在回答是什么的基础上，重点回答为什么和怎么样的问题。就是单纯回答是什么的简述题，也并非像简答题那样简要单一，一般都有两至三个甚至更多的要点，并要求加入自己的理解和分析。

2. 名词解释题的解答技巧

名词解释题通常用一个重要概念、观点、原则等充当试题，要求应试者解释其含义。单一概念的名词解释题特点是只需写出已有定论的现成答案，不必阐述自己的见解。两个概念并存的名词解释，答题时要先对两个概念分别作出解释，然后对两个概念的异同作出比较。

3. 案例分析题的解答技巧

案例分析题是一种综合性较强的题目类型，它是运用某些原理分析、解决文字材料提出的问题。这类试题中提出的问题在给出的背景材料中是找不到完整答案的，但是，材料中的某些文字总会直接或间接地给考生以暗示。在解答案例分析题时，考生必须紧扣案例事实来选择原理或理论。考生在确立分析的原理或理论知识时，要抓住案例情节中的实质问题。要有主次之分，不可面面俱到，以免被一些细枝末节的事情或现象所困扰。原理的应用应该有较强的代表性，从而提高答题的整体质量。

4. 论述题的解答技巧

一般地，由于论述题所占的分数比重较大，且综合程度高、难度大，因而往往能够使学生之间的成绩拉开差距。

解答论述题应抓住试题的中心议题，按照"是什么"、"为什么"和"怎么办"，即"提出问题、分析问题、解决问题"的思路逐渐深入地进行阐述：①确立中心议题。明确试题的主旨，是解答论述题的首要环节，也是整个解答过程最为关键的一步。在考试中，应试者在确立中心议题上一旦出现失误，即对于试题主旨的把握不准确，导致曲解或误解，那么即使论证得再严密，文字再流畅、优美，最终也会因为偏离题意，劳而无功。因此，应试者应使全文的论述紧紧围绕中心议题而展开。②确立论点。论点是论文结构的支柱，就其内容来说，它实际上是对中心议题的分解，目的是对这一议题更深入、全面地阐述。③选择论据。论据是为说明论点服务的，没有论据的支撑，论点就难以成立和存在，论据的选择是论述题的一项重要内容。论据要有针对性和代表性。

考生在具体论述过程中，要做到论证充分、内容全面；在表述上要逻辑合理和层次清晰，要持之有据、言之有理、令人信服；在答题的过程中一定要做到理论联系实际，注意表达的规范性，对概念的使用务必准确，语句不能有严重的语法毛病，尽可能不写错别字。结尾要对中心议题作出观点鲜明的结论。

训练十 做好网络求职

由传统集市形态而始的招聘会，借助网络技术的优势后改头换面，开始在网络的平台上得到延伸，为找工作的人们提供了一个全新的平台。相对于人头攒动、水泄不通、令人窒息的传统招聘会，网上求职以免费浏览申请、大量的职位信息、随时随地进入的方便性吸引了大量的求职者和招聘企业。

在一年中求职招聘的热季，现场招聘会的制约性越来越明显，因此有很多企业开始转战网络招聘，以前作为辅助的网络招聘显得越来越重要，然而，很多求职者面对网络招聘，依然感到茫然。其实，网络求职没有想象中那么难，本节的学习目标是介绍网络求职要点，为广大求职者提供一个快捷方便的求职方式。

一、网络简历的投递渠道

在网络求职的过程中，要学习一些网络求职的技巧，随时关注自己目标企业的招聘信息，以提高求职成功率。

（一）招聘网站

目前，许多企业招聘的主要途径是通过网络招聘。专业的招聘网站不乏知名企业的招聘信息，另外它们还会根据情况举办不同类型的网上招聘会。在招聘网站上发布招聘广告既方便它们收集和筛选简历，又利于它们丰富自己的人才库。

（二）校园 BBS

对于即将毕业的大学生来说，除了招聘网站外，校园 BBS 也可以成为收集招聘信息的一个重要工具。目前，大部分高校的 BBS 都设有招聘专区。

特别提示：相对于其他网站信息而言，校园网站 BBS 上的信息相对更加真实，可信度较高，而且更新较快。不过它只针对在校学生，对于社会人群来说，可望而不可即。

（三）企业网站

一般来说，知名企业的网站建设得都比较好，栏目丰富，而且有独立的招聘专区。在招聘专区中，会常年公布一些岗位需求信息，对岗位职责，以及对求职者的要求都描述得比较详尽。因此，求职者如果对知名企业感兴趣，可以经常进入目标公司的网站查询。利用自有网站进行网上招聘的名企很多，涉及行业也较广。随意进入某知名企业的网站，就能方便地搜索到招聘信息。

　　特别提示：对于专业招聘网站的网址求职者一般都能烂熟于胸，但对于企业网站就不一定了解了。最简单的方法就是利用搜索引擎，比如"google"、"百度"，用你想应聘的公司名称作为搜索关键词即可查询到你要的网址。进入公司网站后，找寻相应的人才招聘区即可。

（四）大型综合网站或行业网站

　　许多大型综合网站和行业网站也设有人才频道（也有的叫招聘频道、求职频道），求职者在浏览这些网站时不妨多留意里面的招聘信息。

　　求职是一项复杂的系统工程，本节着力介绍网络求职，但并不排除其他的求职方式。求职者也不要完全依赖它而忽视传统的纸媒及现场招聘会。每年的10～12月是招聘求职的黄金时期，各大企业的校园招聘也拉开序幕，除了借助网络介质外，很多企业也会经常在媒体上发布招聘信息，并积极参加一些大型的招聘会。金融机构的招聘启事也经常见诸报端，如汇丰银行、光大银行、建设银行等；全国各地现场招聘会也进行得如火如荼。

二、网上简历的制作及投递

　　在网上应聘前期，求职者与用人单位没有面对面沟通的机会，双方唯一的联系形式就是简历，因此，要特别在简历上下足工夫。原则是要力求简单明了、有针对性，让招聘者一目了然。人才市场有关专家介绍，上网求职其实也是"有技可循"的，当看到心仪的职位后，你应该考虑怎么样用简历打动招聘方。

（一）网上简历的制作

　　具体见"训练七　求职简历制作"。

（二）网上投递简历的注意事项

1. 有的放矢

　　试探性的网上求职成功率低，很大因素是由于毕业生对用人单位的具体要求吃不透。求职者要留心考察每条招聘信息的真实性和有效性。求职者必须仔细浏览招聘单位简介、招聘职位介绍、信息发布时间、有效期等，必要时还可登录该公司的主页了解更多的相关信息。留意对方的用人计划及招聘要求，在全面详细地了解了招聘职位的信息后根据自己的实际情况投递出简历。

2. 第一时间投递简历

　　通常网络招聘会的举办周期在一周或一个月不等，但对于求职者来说，还是要争取在第一时间寻找中意的单位，并投递出简历，以便抢占先机。

3. 直接向用人单位投档

有用人需求的公司，多数会在公司网站的人力资源部中辟出招聘专区。直接向其投档，比在求职网站中投档的命中率高。

4. 忌向同一单位申请多职

在网上求职中，向一家单位同时申请多个职位的求职者不在少数。前程无忧人力资源网的专家建议，向一个单位同时申请多个职位，并不能表明你的能力超人，相反，用人单位会认为你非常盲目，没有自己的目标，缺乏主见。因此，向一家单位同时申请多个职位的做法不可取。

5. "另谋高就"时更新简历

当然，不是指无目的地更新，更新的目的是要针对不同的公司和职位发出内容针对性不同的简历。简历发出后并非百发百中，当你向另外一家单位投递简历时，你也应该确认一点：从简历上看，我是适合这个职位的。于是递出简历之前，对简历进行适当修改便成了必要环节。

6. 按招聘方要求投递简历

目前，肆虐的网络病毒多以附件形式传播，招聘企业为安全起见，一般希望求职者以纯文本形式投递简历。如果用人单位对简历的格式、投递方式有特别要求，就要尽量按照对方的要求操作。

（三）网投简历安全问题预防

网上求职由于方便、快捷获得了大部分求职者的青睐，在招聘中的地位也显得越来越重要，但其中的社会问题也随之而来。很多公司或不法分子常常利用求职者急于求成的心态，以及网络求职的便利，把"黑手"伸向了网络招聘。面对网络求职陷阱，求职者应"多管齐下"，将受骗上当的风险降到最低，网上求职把好以下几关非常重要。

1. 选择可靠的招聘网站

对于求职者来说，应尽量选择大型、专业、知名的人才网站进行浏览、注册，因为这些正规的网站对招聘单位都经过审核，信息可信性相对较高。而且正规的人才网站会对个人简历的重要信息（如联系方式、E-mail、家庭住址等）做一定程度的保密处理，只有向网站提供合法资质证明的招聘单位才能看到，但非正规的网站就不一定是这样了。

2. 把好简历填写关

网上求职个人应当按照网上提供的简历模板将个人详细情况填写在相应的位

置，不要将重要个人信息留在不该填写的位置。尤其，在填写简历时，不要忽略个人简历的公开程度，尽量不要使自己的个人简历处于无条件公开的状态，这样会给一些不法分子提供可乘之机。

3. 把好信息鉴别关

有些公司不只采用一种招聘方式，在网站、报纸、人才市场同时进行招聘，一般这类招聘的规模大，比较可信。而虚假招聘信息一般有以下特点：招聘单位联系地址不详细或根本不留；联系电话为手机、小灵通，没有固定电话；招聘条件非常低，工资待遇异常高；以各种理由收取求职者费用；以公司手续正在办理中为由不出具相关资质证明。这些招聘信息，很可能是虚假的，求职者要慎之又慎。

4. 把好电话联络关

对待陌生的电话（包括通知面试的电话和其他陌生询问电话）不要回答太多个人问题，一有可疑情况应立即报警。对于通知面试的电话，一定要对公司的地址及面试地址进行核实，以辨别是否是"皮包公司"。

5. 把好面试防御关

首先，注意面试场地，正规招聘单位一般都有固定的办公场所，若网上的单位将面试地点选在宾馆等临时租借来的场地，要高度注意，谨防上当受骗。

其次，注意面试时间和地点。若面试安排在晚上，为保证人身安全，可以和单位商量改到白天的工作时间，尽量不要晚上赴约，特别是女学生。若要求到外地或很偏远的地方面试，在对招聘单位没有详细了解的情况下，不要贸然行动，否则，如果在外地受骗，所遭遇的困境会更麻烦。

另外，在面试之前，应多方面、多渠道地了解公司情况及背景，看看公司是否正规，业务是否合法，单位是否拥有合法有效的营业执照和经营许可证，是否有不良记录等。在出门前，一定要给家人或亲朋好友留下要去招聘单位的详细地址和联系电话（包括固定电话），以备查用。

 课后思考

（1）制作一份自己的"好简历"。

（2）如何做好求职面试的准备。

（3）如何做好求职笔试的准备。

模块四　大学生就业权益保护篇

🚢 学习目标

（1）了解大学生的就业权益。
（2）掌握保护自身权益的方法。
（3）掌握如何签订就业协议书和劳动合同。

训练十一　大学生如何保护就业权益

案例分享

"招聘"电话

2012 年 3 月 27 日上午，徐老师接到了一个用人单位电话，说招聘生物技术等相关专业的毕业生，并介绍了相关待遇。该招聘者自称是东莞高宝绿色科技有限公司人力资源部的王经理，电话里留下了个人手机号和电子邮箱地址，同时告诉徐老师有关信息可上网查询，公司有自己的网站。

徐老师通知助理，让她在就业信息栏发布这条信息。同时，徐老师让助理通过 114 电话查询东莞高宝绿色科技有限公司的联系方式，并通过电话向该公司核查实际用人情况。公司答复说：他们只招聘有工作经验的人，并没有面向应届毕业生进行招聘，人力资源部也没有姓"王"的经理。由此，他们推断这场招聘肯定是骗局。

徐老师删除了招聘信息，及时通知了学生，避免学生上当受骗。后来徐老师回忆分析说，这个招聘信息的真实性有很多地方值得怀疑。

第一，当对方称其单位在东莞时徐老师就有了戒备心理，因为传销在东莞、佛山、中山、惠州等地较为猖獗。该学校已有学生在东莞被骗进传销团伙的先例。

第二，对方介绍情况一气呵成，不允许有问话的余地，徐老师曾两次试着问对方问题，对方都没给机会，这与常理相违背。

第三，当问及对方从哪里知道办公室电话的时候，王经理说是从学院办公室得知的。而正常情况下，用人单位了解一个学院一般是先上学校就业网站，然后通过就业处联系，而不是直接联系学院办公室。

 案例讨论

（1）读完以上案例，你有哪些想法和启发？

_____

_____

_____

（2）你遇到过或听说过哪些求职面试的陷阱？

_____

_____

_____

（3）你认为应如何提高防范意识，保障自身权益？

_____

_____

_____

拓展练习

请大家以 6～12 人为一组，讨论如下几个问题：
（1）你认为就业过程中的风险有哪些？

_____

_____

_____

（2）我们求职过程中应如何应对风险？

_____

_____

_____

 理论认知

一、就业权益的内容

（一）普通劳动者的劳动权益

1. 劳动报酬权

劳动报酬权是指劳动者依照劳动法律关系，履行劳动义务，由用人单位根据按劳分配的原则及劳动力价值支付报酬的权利。我国《劳动合同法》规定了试用期最低工资标准，保障了毕业生初次就业时在试用期的劳动报酬权；人力资源和社会保障部的《工资支付暂行规定》中明确指出，劳动者若因本人原因给用人单位造成损失的，用人单位每月从劳动者工资中扣除损失赔偿不得超过劳动者当月工资的 20%；对于劳动者加班的情况，应当给予其 150%～300% 的工资报酬等。这些法律规定保障了毕业生维持生存所必需的劳动报酬权。

2. 休息休假权

休息休假权是指劳动者在法律规定的工作时间以外进行休息和休养的权利。休息休假权保障了劳动者体力的恢复、保持身体健康和利用休息时间享受文化生活等需求。《劳动合同法》规定了用人单位不得强迫或变相强迫劳动者加班，《职工带薪年休假条例》规定符合条件的职工均可以享受带薪年休假，以保障劳动者的休息和休假权利。

 案例

> 最近，某公司 25 岁工程师因过度加班、心力衰竭而亡的消息，引发了强烈的社会关注和议论。近几年，"英年早逝"事件屡见不鲜，人们把这些超过劳动强度而致死的现象称为"过劳死"。接二连三的"过劳死"现象引人深思：是工作第一还是身体第一？

说一说，你对"过劳死"的看法；谈一谈，如何处理工作和休息的关系。

_____

_____

_____

3. 劳动保护权

劳动保护权，也称为职业安全卫生权，是指劳动者在劳动过程中的安全和健康应该得到用人单位的保障，以防止伤亡事故和职业病的权利。例如，我国的《劳动法》《妇女权益保障法》《残疾人权益保障法》等法律法规规定用人单位有义务对与其建立劳动关系的劳动者，特别是女性、残疾人劳动者，按照其身体、生理特点，采取有效的安全和健康保障措施。

（二）择业过程中享有的权利

除了上述作为普通劳动者所享有的一般权利外，大学生这个特殊群体在择业与就业过程中还享有许多其他权利。

1. 接受就业指导权

接受就业指导权，是指大学毕业生有权从学校、社会、国家获得及时、有效的就业指导与就业信息服务的权利。接受就业指导对大学生来说有重大意义，就业指导工作会直接影响毕业生的就业方向、就业能力、就业意识、就业技巧等。

我国《高等教育法》规定，"高等学校应当为毕业生、结业生提供就业指导和服务"。高校除了应将就业指导纳入大学生课程体系外，还应当成立专门的就业服务机构，安排专业人员对毕业生进行就业指导，包括向毕业生宣传国家有关就业的政策方针、对毕业生进行择业技巧的指导、引导毕业生根据国家和社会需要，结合个人实际情况进行择业等，使毕业生通过接受就业指导，准确定位，合理择业。由此可以看出，接受就业指导和服务是大学毕业生的一项重要权益。

2. 就业信息知情权

就业信息知情权，是指大学毕业生拥有及时全面地获取各种应该公开的就业信息的权利。从广义上说，就业信息既包括与毕业生求职择业相关的国家有关方针、政策与规定，也包括国家宏观经济发展状况和各个地区与行业的发展情况，还包括用人单位的规模、性质、产品、市场、企业文化、工作环境、学习培训、福利待遇等单位的总体情况和专业需求、上岗条件、未来发展通道等工作岗位的具体信息，是毕业生择业、就业的基础。

大学生的就业信息知情权包括三个方面含义：一是信息公开，即就业信息对任何毕业生来说都应该是公开透明的，任何团体、组织和个人都不得隐瞒、截留用人信息或者公布虚假用人信息；二是信息及时，也就是毕业生获取的信息必须是及时、有效的，而不能将过时无利用价值的信息传递给毕业生；三是信息全面，毕业生有权获得准确、完整、全面的就业信息，以便对单位、职位情况有更加深入全面的了解，进而根据自己的实际情况，做出恰当的职业选择。

3. 接受就业推荐权

接受就业推荐权，是指高校毕业生拥有被学校如实、公正、及时推荐到用人单位就业的权利。学校的推荐对毕业生的就业有着重大的影响，事实证明，学校的推荐往往在很大程度上影响到用人单位对毕业生的取舍。

毕业生享有被推荐权包含如下几个方面的内容：

第一，如实推荐。即高校在对毕业生进行推荐时，应实事求是，根据毕业生本人的实际情况向用人单位进行介绍、推荐，不能故意贬低或随意捧高该毕业生的在校表现。

第二，公正推荐。学校对毕业生进行推荐应做到公平、公正，应给每一位毕业生就业推荐的机会，不能厚此薄彼。

第三，择优推荐。学校根据毕业生的在校表现，在公平、公正的基础上，还应择优推荐。用人单位在录用毕业生时也应坚持择优标准，真正做到优生优用、人尽其才。

4. 就业选择自主权

就业选择自主权，是指在国家就业方针、政策指导下，高校毕业生有按照自己的意愿选择职业的权利，包括自由选择是否从事职业劳动，从事何种职业劳动，何时从事职业劳动，在哪一类或哪一个用人单位从事职业劳动等权利。毕业生的就业选择自主权，否定了行政安置和强制劳动，充分体现了毕业生在人才市场自主择业的权利。

5. 平等就业权

平等就业权，是指根据国家相关法律法规及政策，高校毕业生在择业过程中享有的平等的权利，不因民族、种族、性别、信仰、身体条件、社会出身等原因，受到就业歧视或被排斥、取消、损害其就业机会。这种平等不仅体现在符合招聘条件的毕业生都可以平等地接受学校推荐，参加单位公开招聘，进行公正、平等竞争，还要求用人单位在录用毕业生和确定福利待遇时要做到公平、公正、一视同仁。

6. 隐私保护权

毕业生在求职择业过程中，不可避免地要将自己的部分信息提供给用人单位，但是这些信息仅限于与应聘岗位招聘条件密切相关的范围之内。不经毕业生同意，任何单位或个人都不得将毕业生的个人信息随意发布和使用，用人单位更无权以招聘考核为名过问毕业生的各种隐私。

（三）就业过程中享有的权利

1. 过渡期保障权

过渡期保障权，是指毕业生在实习期、试用期、见习期所应当享有的保障个人各方面利益的权利。毕业生相对用人单位来说是处于弱势地位的，由于相关法律法规还不很健全，学生从学校到职场的过渡期间的许多权益往往会受到一些用人单位的侵害。我国《劳动合同法》首次规定了试用期期限的设定和试用期工资的最低水平，在一定程度上为劳动者试用期的各种权利提供了保障。

2. 就业签约权

毕业生与用人单位达成就业意向后，需要通过签订就业协议或劳动合同，将双方的劳动关系或已经达成的约定，以书面形式落实下来，并对双方的责任、权益进行明确的书面说明。不签订就业协议或劳动合同，或是协议、合同的内容和条款过于笼统甚至违法违规，都是对大学生就业权益的侵犯。法律更不允许单位或个人采取欺诈和胁迫的方式要求毕业生签订就业协议和劳动合同。

3. 违约求偿权

违约求偿权，是指高校毕业生在与用人单位签订就业协议后，如果用人单位无故违约或解约，毕业生有权要求用人单位进行相应的赔偿。毕业生就业协议一经签订，毕业生、用人单位、学校三方都应严格履行，任何一方不得擅自毁约。如果用人单位无故要求解约，毕业生有权依照《劳动合同法》要求对方严格履行就业协议，签订劳动合同，否则用人单位应对毕业生承担违约责任，支付违约金。

4. 户口档案保存权

户口档案保存权，是指自毕业之日起两年内没能及时找到工作或没有到正规单位就业的毕业生，在择业期内将其档案、户口放在原校保留两年的权利。根据国家政策规定，大学生自毕业之日起两年内，为大学生择业期。两年期满后，学校不再对毕业生的户口档案有保管义务。

二、如何维护大学生就业权益

（一）识别和规避求职陷阱

大学生就业竞争日趋激烈，对大部分毕业生来说，不管工作好坏，能找到一份工作就是胜利。这种思想导致了许多毕业生在就业过程中丧失了应有的警惕性，忽视了对自身权益的保护，从而堕入到各种求职陷阱中。轻者损失钱财或劳而无酬，重者被不法分子利用乃至人身受到侵害。大学生加强自身就业权益保护已经刻不容缓，而首要的就是识别和规避各种求职陷阱。

1. 陷阱之一：巧立名目，收取费用

某些用人单位在招聘时常常收取各种费用，这些名目繁多的收费项目，让初涉职场的毕业生无法辨别其合理性，更不知其合法性。这些所谓的"费用"主要有以下三类：

一是风险押金。有些毕业生对自身缺乏合理定位，常抱着"骑驴找马"的心态，一看到好的单位就不惜毁约跳槽，这样的做法让用人单位无法制定长远的用人计划，有部分单位就通过收取一定的风险押金来制约新员工跳槽。不知情的毕业生可能会认为，收取风险押金有一定的合理性，其实这些行为都是违法的。

案例

某校几名大三学生欲在一家公司从事文秘、翻译等兼职工作，公司要求他们交 500 元押金。可这些学生在交钱后，这家公司又推托说目前职位已满或暂时没有工作可做，要学生等消息，接下来就没有消息了。后来，这些学生扬言上法庭起诉，才将押金追讨回来。

二是报名费（包括诸如信息费、登记费、资料费等）。有些用人单位将报名费作为他们获得额外收入的渠道之一。报名费的数额可能并不是很高，但一旦应聘者众多，总体收益则非常可观。

三是培训费。有些用人单位会采取"放长线、钓大鱼"的方式来收取培训费。这些单位会使毕业生感觉应聘非常顺利，而且获得的职位也非常具有发展前景。在签订劳动合同后，单位可能会让毕业生工作一段时间，但很快就会借各种理由要求毕业生参加公司的培训。他们可能会说，通过一段时间考察，发现你还不能完全胜任目前的工作，因此公司决定对你进行培训，但有关费用应当由你自己承担，如果你不承担培训费用的话，公司有权解除劳动协议。这样的言辞会令初入社会的大学生们心生胆怯，以为缴纳一定培训费后就能保住现有的工作，于是迫不得已对其言听计从。

其实，任何招聘单位，以任何名义向求职者收取抵押金、服装费、产品押金、风险金、报名费、培训费等行为，都属非法行为。求职者遇到此类情况，要坚持拒交，并向招聘单位所在地区举报，以确保自己的合法权益不受侵害。

《劳动法》和《劳动力市场管理规定》有以下相关规定：用人单位在招聘时不得向求职者收取任何招聘费用；不得向被录用者收取保证金或抵押金；不得扣押被录用者的身份证等证件；不得以招聘人员为名义牟取不正当利益或进行其他违法活动。

2. 陷阱之二：假借试用，榨取人力

一些用人单位经常会在与毕业生签订的合同里注明"试用期满后再签订正式劳动合同"，在试用期结束后，以"不符合录用条件"为由与毕业生解除劳动合同，或是试用期满后公司又以各种理由要求延长试用期等。这些都是假借试用期榨取大学生劳动力的表现。

用人单位以试用期为由，不与毕业生签订正式劳动合同的做法是违反我国劳动法和劳动合同法的。试用期是针对劳动合同而言的，它是包含在劳动合同中的，应当在具体的劳动合同中约定试用期，并且试用期最长不得超过六个月。为了规避这方面的风险，建议毕业生们在确定工作前，最好向该公司的员工询问那里的工作情况。

3. 陷阱之三：招聘为名，窃取成果

有些招聘单位借着招聘考试的名义，窃取应聘者的智力成果，这就是所谓的"智力陷阱"。有些公司自身缺乏新颖的创意，而聘请高水平的工作人员又需要付出较大的成本，便通过大规模招聘来要求求职者做案例、程序设计、广告设计、策划方案、文章翻译等，以此获得好的创意或方案。他们往往在面试或笔试时，把该单位遇到的问题以考题的形式要求应聘者作答，而无论应聘者表现如何，招聘的最终结果都是无一人录用。这些单位招聘是假，窃取创意才是真正目的。

用人单位的这种做法是一种侵犯知识产权的违法行为。具体防范措施有：提交方案或设计的同时，交上一份声明或协议，要求用人单位对自己的劳动成果给予保护，声明未经作者同意不得用于商业目的和用途，不得擅自使用或者允许第三方使用，违反协议应承担损害赔偿责任等，并要求招聘单位签收，如果该单位拒绝毕业生此要求的话，则说明这次招聘很可能有问题。

4. 陷阱之四：偷梁换柱，克扣工资

所谓薪酬陷阱，是指用人单位在招聘时以优厚的待遇吸引前来求职的毕业生，等到其正式上班时，招聘时的承诺则以种种理由不予以兑现；或是针对薪水中的一些不确定收入，进行虚假或模糊的承诺。由于没有以明确的合同或协议形式固定下来，其变动的空间和额度难以预估，就无法受到法律的相关保护。

毕业生求职时应根据自身情况对薪酬标准有一个合理定位，对过高的薪酬标准应警惕是否存在陷阱，不清楚的地方要问明白，否则就易上当受骗。遇到薪酬陷阱时，应先与用人单位界定薪酬的上下限，尽量减少承诺薪酬中的"软性成分"（即不确定成分），并协商支付方式。比如，试用期待遇如何？试用期过后薪资多少？工资的支付方式和支付周期是怎样的？加班时间费用如何计算？将这些口头承诺写入劳动合同中，以劳动法的约束力来督促用人单位履行承诺。

（二）增强自我保护意识

1. 法律意识

市场化的就业体制是通过市场这个无形的手进行调节实现人力资源的合理配置的。市场经济是法制经济，毕业生就业也受到法律体系的保护。因此，毕业生必须了解与就业相关的法律法规、政策制度，了解劳动用工的相关规定，并且在学习这些法律、政策、规定的过程中，逐步提高法律意识，学会使用法律武器维护自身权益。

2. 契约意识

契约意识包括两个方面的内容：一是通过就业协议保护自己合法权益的意识；二是必须严格遵守就业协议的意识。毕业生与用人单位签订的就业协议是一种合同，是确立双方当事人之间劳动关系的一种契约，具有法律效力。因此，毕

业生要谨慎签约、积极履约。协议一旦订立，双方都必须遵守，任何一方未经对方同意都不得擅自毁约、违约，否则将受到法律制裁。

3. 维权意识

由于大学生就业市场发展还不够成熟，法律制度尚不健全，损害大学生合法权益的现象时有发生。强烈的维权意识，在碰到问题时能够拿起法律的武器积极保障权利，是毕业生走上自我权益保护的实质性的一步，是由观念转化成行动的重要一步。毕业生只有掌握法律政策、养成良好的法律意识和积极的维权意识，才能够平等地与用人单位进行对话，据理力争，保障自己的权益免遭侵害。

4. 证据意识

毕业生在求职就业过程中，应树立证据意识。一是搜集证据的意识，在求职时要有意识地要求用人单位出示或提供相关资料，如要求用人单位出示营业执照、要求对方出示表明身份的证件等；二是保存证据的意识，要注意保存现有的证据，以便将来在仲裁法庭或进行诉讼时维护权益，如招聘海报，往来传真、邮件等；三是运用证据的意识，要有用证据证明事实的意识，知道什么样的事实需要什么样的证据，要明确举证责任是在对方还是己方。

5. 诚信意识

毕业生诚信意识的培养和权益的自我保护，主要包括两个方面：一是毕业生在求职过程中必须如实向用人单位介绍自己的情况，要实事求是，如果故意隐瞒自身情况、欺骗用人单位，可能导致就业协议无效，由此将会承担缔约过失责任。二是要能够意识到用人单位是否诚信。目前，大学毕业生就业形势严峻，使得毕业生不敢向用人单位问太多的问题、提更多的要求，而往往认为单位说的都是对的，单位要求的就应该去做，不知不觉中自己的权益已经遭受侵害。

专家提示

在人才求职的高峰期，各招聘单位可能会收取有效简历达千万份，不少招聘单位表示，"我们会在没用的招聘信息上画个符号表示废弃，之后按废纸变卖。"企业这种随意处理简历的方式会轻易导致求职者个人信息外漏，后果令人担忧。某高校毕业生吴同学在人才市场和网站上投递大量求职简历后，经常收到一些莫名其妙的短信，如买房购车、空中交友。求职者信息被泄露的情况屡见不鲜，由此而来的各种电话、邮件骚扰令许多人不堪忍受。

毕业生要加强自我保护意识，简历中尽量不要有身份证号码、毕业证书复印件等重要信息。同时，在求职简历上加注标签，如"此简历仅限于某次招聘的某单位"等，用来作为维权证据。一旦招聘单位造成应聘者个人信息泄露、形成损害的，受害人可通过法律途径要求赔偿。

（三）熟悉相关法律法规

1. 熟练掌握《宪法》和《就业促进法》中与就业权益保护相关的内容

我国《宪法》第二十二条规定，中华人民共和国公民在法律面前一律平等。《就业促进法》中与平等相关的规定有：第二十五条规定，各级人民政府创造公平就业的环境，消除就业歧视，制定政策并采取措施对就业困难人员给予扶持和援助；第二十六条规定，用人单位招用人员、职业中介机构从事职业中介活动，应当向劳动者提供平等的就业机会和公平的就业条件，不得实施就业歧视；第二十七条规定，国家保障妇女享有与男子平等的劳动权利，用人单位录用女职工，不得在劳动合同中规定限制女职工结婚、生育等内容；第二十八条规定，各民族劳动者享有平等的劳动权利；第二十九条规定，国家保障残疾人的劳动权利，各级人民政府应当对残疾人就业统筹规划，为残疾人创造就业条件，用人单位招用人员，不得歧视残疾人；第三十条规定，用人单位招用人员，不得以是传染病病原携带者为由拒绝录用（经医学鉴定传染病病原携带者在治愈前或者排除传染嫌疑前，不得从事法律、行政法规和国务院卫生行政部门规定禁止从事的易使传染病扩散的工作）。当前，我国的就业歧视现象依然屡见不鲜，每个毕业生都应当了解这些法律法规，在择业就业过程中，用这些法律法规来维护自己平等就业的权利。

2. 熟练掌握《民法通则》中与就业权益保护相关的内容

毕业生要了解《中华人民共和国民法通则》（以下简称《民法通则》）中关于主体平等、自愿和诚实信用等原则。在就业市场上，毕业生与用人单位在法律地位上是平等的。在与用人单位签订就业协议和劳动合同时，毕业生们要不卑不亢，以平等的身份与之协商，并最终达成双赢的协议或合同。另外，毕业生在就业的过程中也要遵守诚信原则，在简历中实事求是地写明自己的情况。同时，毕业生也要注意考察用人单位的诚信状况，调查其是否有事先承诺优厚待遇，而事后不予兑现的现象，以免签约后权益受侵害。

毕业生要熟悉《民法通则》中关于用人单位主体资格的法律法规。签约前一定要行使自己的知情权，详细了解用人单位的情况，一般包括单位的规模、效益、管理制度及隶属单位，是否有人事接收权等。近年来，一些非法的传销组织开始盯上涉世之初的高校毕业生，为此一定要调查了解用人单位的主体资格。一般有合法主体资格、有信誉的单位会很配合毕业生对其的调查了解；反之，那些答应得痛快，工作条件诱人，却对学生正当咨询、调查百般敷衍、拖延的单位，毕业生就要提高警惕。

3. 熟悉掌握《劳动法》和《劳动合同法》中与就业权益保护相关的内容

我国《劳动法》规定：劳动者享有平等就业和选择职业的权利、取得劳动报酬的权利、休息休假的权利、获得劳动安全卫生保护的权利、接受职业技能培训的权利、享受社会保险和福利的权利、提请劳动争议处理的权利以及法律规定的其他劳动权利。

《中华人民共和国劳动合同法》（以下简称《劳动合同法》）在以下几个方面的规定与高校毕业生就业权益密切相关。

第一，《劳动合同法》在劳动关系确立的标准上作出了规定：第七条、第十条明确规定用人单位自用工之日起即与劳动者建立劳动关系，建立劳动关系应当订立书面劳动合同。这些法规告诉我们，判断劳动关系是否确立的标准就是看是否发生了用工行为。也就是说，无论书面劳动合同签订与否，只要存在实际的用工行为，那么劳动者与用人单位之间的劳动关系就算是建立了，劳动者就能享有与已签订劳动合同者相同的权益。

案例

　　小李工作了大半年，公司总是拖延不签劳动合同，而且时常强制加班，不支付任何加班费，小李一怒之下以新实施的《劳动合同法》将单位告上劳动仲裁委和法院，获得胜诉。请问小李胜诉的法律依据是什么？

第二，《劳动合同法》对试用期和合同期限方面作出了具体规定：劳动合同期限三个月以上不满一年的，试用期不得超过一个月；劳动合同期限一年以上不满三年的，试用期不得超过两个月；三年以上固定期限和无固定期限的劳动合同，试用期不得超过六个月；以完成一定工作任务为期限的劳动合同，或者劳动合同期限不满三个月的，不得约定试用期；同一用人单位与同一毕业生只能约定一次试用期；试用期是包含在劳动合同期限内的，若劳动合同仅约定试用期，该试用期不成立。其次，规定劳动者在试用期的工资不得低于该单位同岗位最低档工资标准或劳动合同约定工资的百分之八十，并不得低于该用人单位所在地的最低工资标准。

第三，《劳动合同法》进一步强化了劳动者的知情权。《劳动合同法》第八条规定了用人单位招用劳动者时，应当如实告知劳动者工作内容、工作条件、工作地点、职业危害、安全生产状况、劳动报酬，以及劳动者要求了解的其他情况；用人单位有权了解劳动者与劳动合同直接相关的基本情况，劳动者应当如实说明。因此，毕业生在与用人单位签订就业协议和劳动合同时，应大胆地向用人单位询问与自己权益相关的问题，如工作时间、休息休假、福利等。

第四，《劳动合同法》为毕业生的自主择业权的行使提供了保障。《劳动合同法》第九条规定，用人单位招用劳动者，不得扣押劳动者的居民身份证和其他证件，不得要求劳动者提供担保或者以其他名义向劳动者收取财物；第八十四条规定，扣押劳动者居民身份证等证件的，由劳动行政部门责令限期退还劳动者本人，并依照有关法律规定给予处罚；用人单位以担保或者其他名义向劳动者收取财物的，由劳动行政部门责令限期退还劳动者本人，并以每人五百元以上两千元以下的标准处以罚款；给劳动者造成损害的，用人单位应当承担赔偿责任。因此，毕业生在依法解除或者终止劳动合同时，如果用人单位若要扣押劳动者档案或者其他物品，毕业生可以寻求法律的帮助，对用人单位予以处罚。

第五，《劳动合同法》为保障毕业生及时足额获得劳动报酬作出了具体规定。《劳动合同法》的第二十条不仅明确了用人单位应当按照劳动合同约定和国家规定，向劳动者及时足额支付劳动报酬，并且规定了用人单位拖欠或者未足额支付劳动报酬的，劳动者可以依法向当地人民法院申请支付令，人民法院应当依法发出支付令。此外，还规定了未按照劳动合同的约定或者国家规定及时足额支付劳动者劳动报酬的，由劳动行政部门责令用人单位按应付金额百分之五十以上百分之一百以下的标准向劳动者加付赔偿金。

4. 熟练掌握《劳动争议调解仲裁法》中与就业权益保护相关的内容

第一，应注意《劳动争议调解仲裁法》在仲裁前置方面有所改进。此法在保留劳动争议仲裁前置程序的前提下，规定部分劳动争议可以实行一裁终局；劳动者对仲裁不服的，可以自收到仲裁裁决书之日起 15 日内向人民法院提起诉讼。也就是说，毕业生如果对一裁终局不满的话，仍具有寻求诉讼的权利。

第二，应注意《劳动争议调解仲裁法》把劳动争议申请仲裁的时效进行了改动。劳动争议申请仲裁的时效期限为一年，从当事人知道或者应当知道其权利被侵害之日起计算；劳动关系存续期间因拖欠劳动报酬发生争议的，劳动者申请仲裁不受一年仲裁时效的限制；劳动关系终止的，申请仲裁应当自劳动关系终止之日起一年内提出。

第三，应注意《劳动争议调解仲裁法》在强化劳动监察部门作用方面的规定，用人单位违反国家规定，拖欠或未足额支付劳动报酬，或者拖欠工伤医疗费、经济补偿或赔偿金的，劳动者可以向劳动行政部门投诉，劳动行政部门应当依法处理。因此，当毕业生遇到用人单位违反以上规定的情况时，一定要及时向劳动行政部门投诉，以便能够及时得到帮助。

第四，要利用举证责任倒置进行维权。《劳动争议调解仲裁法》规定，发生劳动争议，当事人对自己提出的主张，有责任提供证据；劳动者无法提供由用人单位掌握管理的与仲裁请求有关的证据，仲裁庭可以要求用人单位在指定期限内提供，用人单位在指定期限内不提供的，应当自行承担后果。毕业生以后要注意分清哪些举证责任是自己的，哪些是用人单位的，以便发生争议时有效地维护自己的合法权益。

（四）维权求助的途径

毕业生在自身权益遭受侵犯时，寻求救助和维权的途径有以下几种。

1. 学校与用人单位协商

毕业生可以要求学校出面与用人单位进行协商。学校有责任和义务维护本校学生的合法权益。并且，学校出面与用人单位进行沟通，非常有助于两者之间矛盾的顺利解决。遇到问题时，首先应当到学校的就业指导中心或相关部门寻求帮助，学校永远是毕业生维权强有力的后盾。

2. 向劳动部门举报

用人单位所在区、县的劳动行政主管部门每年都会对该辖区内的单位的劳动用工情况、工资发放、社会保险金缴纳情况进行检查，一旦发现问题，便依法对单位进行处罚。因此，毕业生如发现所在单位有侵害劳动者权益的违法现象，可以向单位所在地的劳动行政主管部门举报，要求他们进行检查或处罚，维护自己的合法权益。

3. 劳动争议仲裁或诉讼

如果无法通过与单位的协商来解决自己所遇到的问题，学生可以向单位所在地劳动争议仲裁委员会要求仲裁；如果对仲裁裁决不服，可以向单位所在地人民法院提起诉讼，由法院进行裁定。

4. 借助新闻媒体

新闻媒体可以发挥很好的舆论监督作用。学生可以通过媒体对各种不公正现象进行曝光、报道的方式，引起相关部门对这些现象的重视，从而促使这些问题的有效解决。毕业生在碰到就业权益被侵犯时，如果采取相关措施仍然无法很好地解决，可以向报纸、电视等新闻媒体反映，借助舆论力量解决问题。

训练十二　就业协议书和劳动合同

一、就业协议书

《全国普通高等学校毕业生就业协议书》是明确毕业生、用人单位和学校三者在毕业生就业工作中权利和义务的书面表现形式。《全国普通高等学校毕业生就业协议书》一般由国家教育部或各省、市、自治区就业主管部门统一编制。作为学校派遣计划依据的《全国普通高等学校毕业生就业协议书》，由学校发放，毕业生签字，用人单位盖章，毕业生本人保存一份作为办理报到、接转行政和户口关系的依据。

（一）就业协议书的内容

第一，毕业生应按国家法规就业，向用人单位如实介绍自己的情况，了解用人单位的使用意图，表明自己的就业意见，在规定的时间内到用人单位报到，若遇到特殊情况不能按时报到，需征得用人单位同意。

第二，用人单位要如实介绍本单位的情况，明确对毕业生的要求及使用意图，做好各项接收工作。

第三，学校要如实向用人单位介绍毕业生的情况，做好推荐工作，用人单位同意录用后，经学校审核列入建议就业计划，报主管部门批准，学校负责办理派遣手续。

第四，各方应严格履行协议，任何一方若违反协议，应承担违约责任。

第五，其他补充协议。

（二）就业协议书的实质

大学生对就业协议书存在两种认识误区：一种认为就业协议书只是种意向书，目的只是为了方便学校管理就业工作，因此也不具有法律效力，这种认识导致毕业生和用人单位签订协议书时马虎了事，甚至不遵循就业协议书上双方约定的内容；另一种认为就业协议书就是劳动合同，所以在毕业生报到后，毕业生不知道还要签订劳动合同，用人单位为了某些利益也不签。

对于第一种认识误区，我们要明确，就业协议书具有法律约束力，就业协议书的实质是毕业生和用人单位双方达成的约定各方权利和义务的民事合同。该合同的主要目标的是约定毕业生毕业后到用人单位报到并签订劳动合同。作为民事合同，就业协议书一经签订即具有法律效力，任何一方都不得擅自解除，否则，违约方就应承担相应的法律责任。

对于第二种认识误区，我们应当明确的是，就业协议书不等同于劳动合同。两者存在明显的区别，主要表现在：

第一，主体不同。就业协议书的主体一方必须是应届毕业生，学校是就业协议的见证方或签约方，就业协议对用人单位的性质没有规定，适用于任何单位；而劳动合同的主体一方必须是劳动者，另一方多为企业类用人单位（劳动者与国家机关、事业单位订立的合同是聘用合同）。

第二，内容不同。就业协议书的主要内容是毕业生和用人单位介绍各自的情况，毕业生表示愿意到用人单位就业并在规定期限报到，用人单位表示愿意接收毕业生，一般可以不涉及具体的劳动权利、义务。而劳动合同的内容涉及具体的合同期限、工作内容、工作时间、工作地点、劳动报酬、劳动保护和劳动条件等方方面面，劳动权利义务关系也更为具体明确。

第三，签订时间不同。对于毕业生来讲，通常是就业协议书签订在前，而劳动合同签订在后。就业协议书一般都在毕业生到用人单位报到之前签订，并且大部分是在毕业生在校期间签订，而劳动合同则是毕业生离校后，到用人单位报到以后再签订的。就业协议书中毕业生到用人单位报到时自动终止其效力；劳动合同的终止条件有两种：一是劳动合同期限届满；二是劳动合同约定的终止条件出现。

第四，适用法律和争议解决途径不同。就业协议书的订立依据及发生纠纷时适用的法律有《民法通则》《劳动合同法》，同时也可参照相关的政府政策措施。而订立劳动合同以及解决劳动合同纠纷所依据的法律主要是《劳动法》和《劳动合同法》。就业协议书签订后发生的争议，由于双方尚未形成正式的劳动关系，所以不能申请劳动仲裁，只能参照一般民事纠纷的途径解决，实践中主要采取调解或者诉讼方式；而在劳动合同基础上发生的争议，可以依劳动法规定申请调解、仲裁、提起诉讼，其中劳动仲裁是提起诉讼的必经程序。

（三）就业协议书的订立

毕业生持学校下发的推荐表，参与双向选择活动。单位确定后，毕业生凭借推荐表回执或单位接收函换取《全国普通高等学校毕业生就业协议书》，协议一律以原件为准，复印件无效。签订毕业生三方协议书的基本程序如下：

第一，毕业生获得用人单位的书面接收函；

第二，毕业生到所在学校领取一式四份的《全国普通高等学校毕业生就业协议书》；

第三，毕业生与用人单位签署就业协议，并在就业协议书上签名盖章，用人单位应在协议书上注明可以接收毕业生档案的名称和地址；

第四，毕业生到所在学校签署就业协议；

第五，学校签完就业协议书以后，毕业生、用人单位、学生本人各留一份就业协议，毕业生本人把用人单位应持的一份就业协议书转交用人单位。

（四）就业协议书的解除

就业协议的解除分为单方解除和三方解除。

单方解除，包括单方擅自解除和单方依法或依协议解除。单方擅自解除协议，属违约行为，解约方应对另一方承担违约责任。单方依法或依协议解除，是指一方解除就业协议有法律上或协议上的依据，如学生未取得毕业资格，用人单位有权单方解除就业协议，毕业生录取研究生后，可解除就业协议，或依协议规定，毕业生未通过用人单位所在地组织的公务员考试，用人单位有权解除协议，此类单方解除，解除方无需对另两方承担法律责任。

三方解除是指毕业生、用人单位、学校三方经协商一致，取消已经订立的协议，使协议不再发生法律效力。此类解除应是三方当事人真实意思一致表示的体现，三方均不承担法律责任，三方解除应在就业计划上报主管部门之前进行，如就业派遣计划下达后三方解除，还需经主管部门批准办理调整改派。

（五）就业协议书的违约与责任

> 某大学学生小张在大四时到一家广告公司实习。由于实习表现突出，小张与该公司达成就业意向，并签订了就业协议。双方约定，服务期为3年，如果小张提前解约必须赔偿公司1万元。至于协议中的待遇、福利等条款暂为空白，人事部门让他先签名，具体条款过几天再补上。小张觉得，自己是经熟人介绍来的，不好意思提待遇的事。"找个工作不容易，不敢要求太多。反正别人有啥咱有啥呗，差不了事儿。"小张便在协议上签上了自己的名字。
>
> 正式上班后，公司与他签订了劳动合同，合同的有效期仅1年，而且也没有提前解除合同的赔偿条款。由于待遇与其他员工相差较大，小张在工作第二年便向公司提出辞职。公司提出，必须按就业协议的规定赔偿1万元。小张不服，准备通过法律手段维权。

该案例的主要责任在谁？如果你是小张，你应该如何避免这种不愉快的结果？

就业协议书一经毕业生、用人单位、学校签署即具有法律效力，任何一方不得擅自解除，否则违约方应向权利受损方支付协议条款所规定的违约金。从实际情况来看，多为毕业生违约。

毕业生违约，除造成本人承担违约责任，支付违约金这一影响外，往往还会造成其他不良的后果，主要表现在：

第一，就用人单位而言，用人单位往往为录用一个毕业生做了大量的工作，有的甚至对毕业生将要从事的具体工作也有所安排。同时，毕业生就业工作时间相对比较集中，一旦毕业生因某种原因违约，势必使用人单位的录用工作徒劳一场，用人单位若重新着手选择其他毕业生，在时间上也不允许。从而给用人单位招聘工作造成被动。

第二，就学校而言，用人单位往往将毕业生违约行为归为学校的责任，从而影响学校和用人单位的长远合作。由于毕业生存在违约现象，而使用人单位对学校的推荐工作表示怀疑。从历年情况来看，一旦毕业生违约，则受损的用人单位在几年之内都不愿到学校来挑选毕业生。面对激烈的就业竞争，用人单位的需求是毕业生择业成功的前提，如此下去，必定影响学校以后的毕业生就业，同时影响学校就业计划方案的制定和上报，并使学校的正常派遣工作无法顺利开展。

第三，就其他毕业生而言，用人单位到学校挑选毕业生的名额是有限的，一旦与某毕业生签订就业协议，其他学生便丧失了到此单位工作的机会。若日后签约的学生违约，有些当初希望到该用人单位工作的其他毕业生由于录用时间等原因，也无法补缺，造成就业信息的浪费，影响其他毕业生就业。因此，毕业生在就业过程中应慎重选择，认真履约。

延伸阅读

教育部关于《全国普通高等学校毕业生就业协议书》管理办法

（1）毕业生与用人单位达成一致意见后，均须签订《全国普通高等学校毕业生就业协议书》。

（2）《全国普通高等学校毕业生就业协议书》由教育部高校学生司制定，学校招生就业处统一翻印，各学院集体到招生就业处领取，或者由毕业生持本人学生证到招生就业处领取。每位毕业生只有一套《全国普通高等学校毕业生就业协议书》，每套一式四份。

（3）任何单位或个人均不得复印、复制、翻印《全国普通高等学校毕业生就业协议书》；在签订《全国普通高等学校毕业生就业协议书》书时，如果《全国普通高等学校毕业生就业协议书》因破损等情况而不能使用时，可持原件到招生就业处申请更换;《全国普通高等学校毕业生就业协议书》不得挪用、转借、涂改,否则视为无效。

(4)毕业生在协议书上签署个人意见之后,用人单位或学校两方之中只要有一方在协议书上签字,毕业生即不得单方面终止协议的签订工作。毕业生违约时,必须办理完毕与原签约单位的解约手续,然后将原协议书交还招生就业处,并换取新的协议书。

(5)毕业生如果不慎将协议书遗失,学校原则上不再补发,到毕业派遣时,毕业生回生源地参加二次分配。若因特殊情况需要补发时,毕业生必须以书面形式提出申请,由所在学院主管毕业生就业工作的负责人签署意见,经招生就业处调查并研究之后酌情处理。同时具备以下三个条件时,招生就业处方予受理:

①经核查,协议书确实属于遗失者。

②招生就业工作处收到毕业生的申请书两个星期以上。

③在省级以上报刊刊登丢失声明。

(6)凡是通过地方或部委毕业生就业工作主管部门与用人单位签订《全国普通高等学校毕业生就业协议书》的毕业生,签约时可使用他们提供的《全国普通高等学校毕业生就业协议书》,但是毕业生回校后,必须与学校补签《全国普通高等学校毕业生就业协议书》。毕业生如果另有选择,则必须与原签约单位解除所签订的协议。

二、劳 动 合 同

对于初涉职场的大学生来说,从业之前还有一个关键环节马虎不得,就是与用人单位签订劳动合同,它是劳动者合法权益的有力保障之一。

练一练

经过几轮笔试和面试,某单位同意录取并要求与你签订劳动合同,但是合同的内容明显不规范,而你很想得到这份工作,请思考,这样的合同该不该签呢?遇到这种情况,你会采取怎样的行动呢?

劳动合同按照不同的标准可划分为不同的种类。以合同的目的为标准,划分为聘用合同、录用合同、借调合同、停薪留职合同;以合同的有效期为标准,划分为有固定期限的合同、无固定期限的合同和以完成一定工作为期限的合同。我国《劳动法》规定,劳动合同应当以书面形式订立,即应采用书面协议。劳动合同的书面形式有主件、附件之分,劳动合同的主件即为劳动合同书,附件一般指劳动合同的补充协议，如岗位协议书、专项劳动协议、用人单位依法制定的内部劳动规则等。

（一）劳动合同的必备条款

根据《劳动法》的规定，劳动合同的必备条款有：

第一，劳动合同的期限。应届毕业生所遇到的劳动合同绝大多数是有固定期限的，所以毕业生一定要注意劳动合同中对期限的约定，以及关于期限违约责任的约定。

第二，工作内容。工作内容即用人单位安排劳动者从事什么工作，是劳动合同中确定的劳动者应当履行的劳动义务的主要内容，包括劳动者从事劳动的岗位、工作性质、工作范围以及劳动生产任务所要达到的效果、质量指标等。

第三，劳动保护和劳动条件。用人单位对劳动者的工作必须提供合适的生产、工作条件和劳动安全卫生保护措施，包括劳动场所和设备、劳动安全卫生设施、劳动防护用品等。

第四，劳动报酬。劳动报酬主要表现为用人单位根据劳动者劳动岗位、技能及工作数量、质量，以货币形式支付给劳动者的工资。劳动合同中关于劳动报酬的约定应该包括工资的数额、支付日期、支付地点以及其他社会保险（养老、失业、医疗、工伤、生育等）待遇。

第五，劳动纪律。劳动纪律指劳动者在劳动过程中必须遵守的劳动规则，包括国家法律、行政法规以及用人单位内部的厂规、厂纪、对劳动者的个人纪律要求等。

第六，劳动合同的终止条件。劳动合同的终止条件一般是指劳动者和用人单位在国家法律、行政法规规定的劳动合同终止的条件以外，协商确定的劳动合同终止的条件，即劳动合同终止的事实理由。

第七，违反劳动合同的责任。在劳动合同履行的过程中，当事人一方故意或过失违反劳动合同，致使劳动合同不能正常履行，给对方造成经济损失时应承担的法律后果。

（二）劳动合同的履行、变更、解除与终止

劳动合同的履行，是指劳动合同的双方当事人按照合同规定，履行各自义务的行为。依法订立的劳动合同具有法律约束力，当事人必须履行合同约定的义务，任何个人或第三方不得非法干涉劳动合同的履行。

劳动合同的变更，是指双方当事人对尚未履行或尚未完全履行的合同，依照法律规定的条件和程序，对原劳动合同进行修改或增删的法律行为。劳动合同的变更应遵循平等自愿、协商一致的原则，不得违反法律法规的规定。任何一方不

得擅自变更劳动合同，否则要承担相应的法律责任。劳动合同的变更一般是协议变更，双方当事人就变更的内容及条件进行协商，达成一致意见，应签订书面协议。我国劳动法规定，提出变更劳动合同的一方，给对方造成经济损失的，应当承担赔偿责任。

劳动合同的解除，是指劳动合同当事人在劳动合同期限届满之前依法提前终止劳动合同关系的法律行为。劳动合同的解除可分为协商解除、用人单位单方面解除、劳动者单方面解除以及自行解除等。

劳动合同的终止，是指符合法律规定或当事人约定的情形的劳动合同的效力即行终止。我国《劳动法》规定："劳动合同期满或者当事人约定的劳动合同终止条件出现，劳动合同即行终止。"

总结训练

2008 年 12 月，某校计算机专业的小王到一家企业去应聘，人力资源部赵部长认为小王的综合素质不错，批准录用。实习三个月后，小王与该企业签订了就业协议。

然而，企业老总得知此事后，不同意小王入职，命令赵部长立即取消与小王签订的就业协议。赵部长告诉小王要解除协议，这个消息让小王很被动，因为这时已过了最佳求职期，许多单位的招聘工作已近尾声，再去找新的工作面临很大困难。

小王想起就业指导老师曾讲过就业协议书的约束性，任何一方都不能随便违约，而且小王是无过错方，应据理力争。于是，小王拿着《普通高等学校毕业生就业工作暂行规定》和三方协议书的约定，找到赵部长，按《全国普通高等学校毕业生就业协议书》中第二条："用人单位要如实介绍本单位情况，明确对毕业生的要求及使用意图，做好各项接收工作，凡取得毕业资格的毕业生，用人单位不得以学习成绩为由提出违约。"第六条："本协议经各方签字、盖章后生效。三方都应严格履行本协议，若一方提变更协议，须征得另两方同意违约，由违约方承担违约责任。"小王重申就业协议的严肃性，再次表明自己不同意单位违约。

经过交涉，借助大学生就业协议书的法律效力，最终赵部长同意执行原有就业协议。2009 年 7 月初，小王如愿以偿地拿到了发往该公司的就业报到证。

请思考：

（1）这个案例说明了什么问题？

(2) 这个案例对你求职就业有何启发?

_____

_____

_____

_____

_____

_____

课后思考

(1) 大学生就业权益的主要内容有哪些方面?

_____

_____

_____

_____

(2) 常见的求职陷阱有哪些? 如何识别? 维权途径和方式有哪些?

_____

_____

_____

_____

_____

（3）签订就业协议书和劳动合同应注意哪些问题？

模块五　大学生创业教育篇

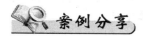 学习目标

（1）了解并掌握一定的创新思维方法，理解创新的重要性。

（2）了解创建公司的基本流程，能够独立撰写创业计划书。

（3）了解公司日常管理的相关流程，对营销、管理、财务和团队建设环节有所掌握。

训练十三　创新思维培养

案例分享

爱迪生巧算灯泡

一天，发明家爱迪生把一只灯泡交给他的助手——普林斯顿大学的数学系毕业生阿普顿，要他算出玻璃灯泡的容积，阿普顿拿着灯泡琢磨了好长时间，用皮尺在灯泡上左右、上下量了一阵，又在纸上画了很多的草图，写满了各种尺寸，列了许多道算式，算来算去还没有个结果。爱迪生见他算得满头大汗，就对他说："我的上帝：你还是用这个方法算吧！"他在灯泡里倒满了水递给阿普顿说："把这些水倒进量杯里，看一看它的体积，就是灯泡的容积了。"助手听了顿时恍然大悟，于是照此方法很快就算了出来。

人类的历史是建立在学习前人的知识的基础上，依靠已经获得的知识、技能产生新的理解、新的应用从而获得新成果的过程。上面这个小故事告诉我们，即便学习了很多数学计算知识，但不懂得活学活用，不懂得寻找新途径，尝试新方法，问题就很难得到有效的解决。

哥伦布竖鸡蛋

1492 年，哥伦布发现了新大陆。从海上回来后，他成了西班牙人民心目中的英雄。国王和王后也把他当做上宾，封他做海军上将。可是有些贵族瞧不起他，他们用鼻子一哼，说："哼，这有什么稀罕？只要坐船出海，谁都会到那块陆地的。"

在一次宴会上，哥伦布又听见有人在讥笑他了。"上帝创造世界的时候，不是就创造了海西边的那块陆地了吗？发现，哼，又算得了什么！"哥伦布听了，沉默了好一会儿，忽然从盘子里拿个鸡蛋，站了起来，提出一个古怪的问题："女士们，先生们，谁能把这个鸡蛋竖起来？"

鸡蛋从这个人手上传到那个人手上，大家都把鸡蛋扶直了，可是一放手，鸡蛋立刻倒了。最后，鸡蛋回到哥伦布手上，满屋子鸦雀无声，大家都要看他怎样把鸡蛋竖起来。

哥伦布不慌不忙，把鸡蛋的一头在桌上轻轻一敲，敲破了一点儿壳，鸡蛋就稳稳地直立在桌子上了。

"这有什么稀罕？"宾客们又讥笑起哥伦布来了。

"本来就没有什么可稀罕的，"哥伦布说，"可是你们为什么做不到呢？"

宾客们一个个强词夺理："鸡蛋都破了，那算什么呢？"

哥伦布却继续保持不以为然的态度："我在刚开始定条件时，曾有说过不允许把鸡蛋敲破？"

哥伦布离席而去时还留下了一句令人回味的话："虽然是很简单的游戏，你们却没有一个人会做；知道怎么做之后，大家却都说太简单了！"

案例讨论

从以上两个案例中，你得到哪些启示？

_____

_____

_____

_____

拓展练习

人们跑步时，到了终点总不能一下子就停住，总要多跑几步才能停下来。这是运动的惯性，思维也是有惯性的。你可以和身边的同学玩几个游戏体验一下：

第一个游戏："1＋1＝3"

首先，伸出一根手指，强调"1，1，1…"，再伸出两个手指强调"2，2，2…"，以下的动作要迅速"1＋1＝？"然后伸出三根手指。看你的被测试者有什么反应？

第二个游戏：猫怕老鼠

首先，让被测试者跟着自己读十二遍"老鼠"，紧接着发问"猫怕什么？"看你的被测试者有什么反应？

在被测试者越多的情况下，这种惯性就越强烈。这种惯性时常会阻碍创新思维的发展，所以要培养我们创新思维，打破我们的思维障碍，用新的思考方式，才能获得新的思考结果。

 理论认知

创业的前提是创新，没有创新的眼光就难以发现创业的机会，没有创新的思路就难以成功创业。创新贯穿于创业的全过程：无论是创业项目的选择，还是创业融资、团队建设、经营管理、市场开发、持续发展等。创新是创业的灵魂，是制胜的关键。

一、打破创新思维的障碍

1. 克服思维定势

思维定势在解决大部分问题时是非常有效和便捷的，但在需要以不同于以往的方式解决问题时就无能为力了。通常我们的思维定势来源于权威、书本、经验，是个体顺应了群体，顺应了经验。我们可以利用逆向思维、潜思维、灵感思维、梦思维等突破思维定势。"暂时搁置"与"放松自己"更是有利于突破思维定势的具体方法。

2. 冲破思维惯性

盲人买剪刀的故事我们都听过，俄国著名科普作家阿西莫夫的经历告诉我们：即便你是世界公认的"聪明人"，也会被思维的惯性绊倒在汽车修理工的脚下。

3. 要挣脱自身和环境的束缚

"霍布森选择"告诉我们：即便你养了很多马，有高马、矮马、花马、斑马、肥马、瘦马。但如果整个马圈只有一个很小的洞做门，租马、买马的人再多也枉然。你的思维境界有多大，你的世界就有多大。要善于逾越不合理的文化禁忌、家庭的阻碍，培养挑战精神，克服急躁情绪。

二、创新思维的多种思维形式

灵活运用创新思维能够产生新颖独特而又有价值的思维结果，因此没有哪一种思维是创新思维，它可以是思维的任何一种形式。

1. 发散思维

发散思维又称辐射思维、放射思维、多向思维或扩散思维，是指从一个目标出发，沿着各种不同的途径去思考，探求多种答案的思维。它具有流畅性、变通性、独特性、多感官性等特点。不少心理学家认为，发散思维是创造性思维的最主要的特点，是测定创造力的主要标志之一。

发散思维的方法介绍如下：

（1）材料发散法——以某个物品为发散点，设想它的多种用途。

（2）功能发散法——从某事物的功能出发，构想出获得该功能的各种可能性。

（3）结构发散法——以某事物的结构为发散点，设想出利用该结构的各种可能性。

（4）形态发散法——以事物的形态为发散点，设想出利用某种形态的各种可能性。

（5）组合发散法——以某事物为发散点，尽可能多地把它与别的事物进行组合形成新事物。

（6）方法发散法——以某种方法为发散点，设想出利用方法的各种可能性。

（7）因果发散法——以某个事物发展的结果为发散点，推测出造成该结果的各种原因，或者由原因推测出可能产生的各种结果。

（8）头脑风暴法——集思广益，每个人不论可能性地说出自己的想法。

发散思维的价值更多取决于本身的阅历、经验和对生活的人性的认知，只有不断丰富，发散思维的价值才会越来越高，所以发散思维本身是要借助于别人的生活积淀和思维活力才能体现价值的。

2. 逆向思维

逆向思维是对司空见惯的似乎已成定论的事物或观点反过来思考的一种思维方式。敢于"反其道而思之"，让思维向对立面的方向发展，从问题的相反面深入地进行探索，树立新思想，创立新形象。人们习惯于沿着事物发展的正方向去思考问题并寻求解决办法。其实，对于某些问题，尤其是一些特殊问题，从结论往回推，倒过来思考，从求解回到已知条件，反过去想或许会使问题简单化，使解决它变得轻而易举，甚至因此而有所发现，创造出惊天动地的奇迹来，这就是逆向思维和它的魅力。

洗衣机的脱水缸，它的转轴是软的，用手轻轻一推，脱水缸就东倒西歪。可是脱水缸在高速旋转时，却非常平稳，脱水效果很好。当初设计时，为了解决脱水缸的颤抖和由此产生的噪声问题，工程技术人员想了许多办法，先加粗转轴，无效，后加硬转轴，仍然无效。最后，他们来了个逆向思维，弃硬就软，用软轴代替了硬轴，成功地解决了颤抖和噪声两大问题。这是一个由逆向思维而诞生的创造发明的典型例子。

3. 联想思维

联想思维是指在人脑内记忆表象系统中，由于某种诱因使不同表象发生联系的一种思维活动。联想思维在人的思维活动中都起着基础性的作用。

4. 收敛思维

收敛思维也称为聚合思维、求同思维、辐集思维或集中思维，是指在解决问题的过程中，尽可能利用已有的知识和经验，把众多的信息和解题的可能性逐步引导到条理化的逻辑序列中去，最终得出一个合乎逻辑规范的结论。

收敛思维也是创新思维的一种形式，与发散思维不同，发散思维是为了解决某个问题，从这一问题出发，想的办法、途径越多越好，总是追求还有没有更多的办法。而收敛思维也是为了解决某一问题，在众多的现象、线索、信息中，向着问题一个方向思考，根据已有的经验、知识或发散思维中针对问题的最好办法去得出最好的结论和最好的解决办法。

5. 逻辑思维

逻辑思维是指人们在认识过程中借助于概念、判断、推理等思维形式能动地反映客观现实的理性认识过程，又称为理论思维。它是作为对认识着的思维及其结构以及起作用的规律的分析而产生和发展起来的。只有经过逻辑思维，人们才能达到对具体对象本质规定的把握，进而认识客观世界。它是人的认识的高级阶段，即理性认识阶段。

逻辑思维是一种确定的、而不是模棱两可的，前后一贯的、而不是自相矛盾的，有条理、有根据的思维。在逻辑思维中，要用到概念、判断、推理等思维形式和比较、分析、综合、抽象、概括等方法，而掌握和运用这些思维形式和方法的程度，也就是逻辑思维的能力。

深度阅读

两个青年一同开山，一个把石块砸成石子运到路边，卖给建房的人；一个则直接把石块运到码头，卖给杭州的花鸟商人，因为这儿的石头是奇形怪状的，他认为卖重量不如卖造型，3年后，他成为村上第一个盖起瓦房的人。

他在自己的学习笔记上写下一句话：要寻找与他人不同的优势。

后来，不许开山，只许种树，于是这儿成了果园。每到秋天，漫山遍野的鸭梨招来八方客商。他们把堆积如山的梨子成筐成筐地运往北京和上海，然后再发往韩国和日本，因为这儿的梨汁浓肉脆，口味纯正无比。就在村里的人为鸭梨带来的小康日子欢呼雀跃时，曾卖过石头的那位果农卖掉果树，开始种柳。因为他发现，来这儿的客商不愁挑不到好梨子，只愁买不到盛梨子的筐。5年后，他成为第一个在城里买房的人。

他又在自己的学习笔记上写下一句话：要先于他人挖掘市场需求。

再后来。一条铁路从这儿贯穿南北，这儿的人上车后，可以北到北京，南到九龙。小村对外开放，果农也从单一的卖果开始到谈论果品加工及市场开发。就在一些人开始集资办厂时，那个村民在他的地头砌了一垛3米高、百米长的墙。这垛墙面向铁路，背依翠柳。两旁是一望无际的万亩梨园。坐火车经过这儿的人，在欣赏盛开的梨花时，会突然看到四个大字：可口可乐。据说这是五百里山川中唯一的广告。砌墙人凭这垛墙，第一个走出了小村，因为他每年都有4万元的额外收入。

他再次在学习笔记上写下一句话：如果能够排除竞争，你必然能成为最大的赢家。

20世纪90年代末，日本丰田公司亚洲区代表山田信一来华考察，当他坐火车路过这个小山村时，听到这个故事，他被主人公罕见的商业化头脑所震惊，当即决定下车寻找这个人。

当山田信一找到这个人的时候，他正在自己的店门口与对面的店主吵架，因为他店里的一套西服标价800元的时候，同样的西服对门标价750元，他标价750元的时候，对门就标价700元。一个月下来，他仅批发出8套西服，而对门却批发出800套。

山田信一看到这种情形，非常失望，以为被讲故事的人欺骗了。当他弄清真相之后，立即决定以百万年薪聘请他，因为对门的那个店也是他的。

三、创造力的构成

1. 基础知识是创造力的源泉

吸收知识、巩固知识、掌握专业技术、实际操作技术、积累实践经验、扩大知识面、运用知识分析问题，是创造力的基础。任何创造都离不开知识，知识丰富有利于更多更好地提出创造性思想，对设想进行科学的分析、鉴别与简化、调整、修正；并有利于创造方案的实施与检验；而且有利于克服自卑心理，增强自信心，这是创造力的重要内容。

2. 以创造性思维能力为核心的智能

智能是智力和多种能力的综合，既包括敏锐、独特的观察力，高度集中的注意力，高效持久的记忆力和灵活自如的操作力，也包括创造性思维能力，还包括掌握和运用创造原理、技巧和方法的能力等。

3. 具有创造力的个性品质

个性品质是在一个人生理素质的基础上，在一定的社会历史条件下，通过社会实践活动形成和发展起来的，是创造活动中所表现出来的创造素质。优良素质对创造极为重要，是构成创造力的又一重要部分。优良的个性品质（如永不满足的进取心、强烈的求知欲、坚忍顽强的意志品质、积极主动的独立思考精神等）是发挥创造力的重要条件和保证。

总之，知识、智能和优良的个性品质是创造力构成的基本要素，它们相互作用、相互影响，决定创造力的水平。

四、创造力开发训练——和田法

创造力是可以通过有意识的开发训练而获得提高的。创造力开发训练的最终结果是善于创新，这在当代社会已受到政府机关、教育界、企业界、科技界的广泛重视。如美国的 3M 公司就制定了一条"15％规则"，即公司鼓励员工拿出自己 15％的时间考虑新点子，不管这些点子是关于什么项目的。

创造力开发训练的内容十分丰富，既有抽象的理论模拟，又有具体的操作演练。如"奥斯本检核法"、"阿诺德法"、"5WIH 法"等。为了能符合大学生实际需要，体现简便易行的特点，本文着重介绍"和田法"。

1. 加、减、扩、缩

此种方法的本质特征是标新立异，其创造性思维训练模式如下。

1）加一加

可以在这件东西上添加什么东西吗？把它加大一些，加高一些，加厚一些，行不行？把这件东西和其他东西加在一起，会有什么结果？需要加上更多时间或次数吗？

机与电相结合的工业产品和生活用品已经屡见不鲜，如数控机床、电脑洗衣、电子秤、电子照相机等。南京市中学生丛小郁利用"加一加"的方法，发明了带水杯的调色盘，她从可伸缩的旅行水杯得到启发，把水杯固定在调色盘中间，用时拉开水杯，不用时收缩杯子，她又采用螺纹连接的方法，把杯子和调色板连接起来，可以随意装拆。

2）减一减

能在这件东西上减去什么吗？把它减小一些，降低一些，减轻一些，行不行？可以省略取消什么吗？可以降低成本吗？可以减少次数吗？可以减少时间吗？

无线电话、无线电报、无人售货、无人驾驶飞机等都是减一减的效果。用减一减的方法，将眼镜框去掉，再减小镜片，改进了镜片材质，就发明了隐形眼镜。即使是万分之一的次品，对顾客来说也是百分之百的次品，美国兰尼尔公司吃透了顾客的心理，推出了"零故障打字机"。

3）扩一扩

使这件东西放大、扩展会怎样？功能上能扩大吗？

宽银幕电影、投影电视、投影教具等可以说是"扩一扩"的结果。一物多用的工具和生活用品越来越多，如多功能刀、多用剪刀，都是功能扩展的产物。

美国研制的"指令中心"多用途钟，不仅能语音报时，还能控制16种家用电器的开关，这也是功能扩展的结果。

4）缩一缩

使这件东西压缩一下会怎样？能否折叠？

一些小巧玲珑的产品在竞争中吃香走俏。袖珍电视、迷你复印机给人们的学习、工作带来了极大的方便。

2. 变、改、联、学

1）变一变

改变一下形状、颜色、音响、味道会怎样？改变一下次序会怎样？

现代企业管理，要求产品不断更新换代，你无我有，你有我精，你精我变。只有走在别人前头，想别人所未想，干别人尚未干，才能永远立于不败之地。"吃一，抓二，眼观三"，许多企业从满足市场需要，向引导消费市场转变。在新产品开发中，坚持生产一代，试制一代，研究一代，构思一代。

圆珠笔由单色改变结构后，生产出双色、多色。现在已生产设计出形式各样、颜色多样、功能不同的办公用、学生用的多款式圆珠笔。就连普通的瓜子也由过去的单一味道，发展出奶油味、牛肉味、酱油味、五香味、怪味等多个品种。

2）改一改

这种东西还存在什么缺点？还有什么不足之处？需要加以改进吗？它在使用时是不是给人带来不便和麻烦？有解决这些问题的办法吗？

目前，许多产品向多样化、微型化、简单化、省力化、实用化方向发展。英国雷利公司生产的风头牌自行车设计出2500多种款式，任顾客挑选。

日本国民自行车工业公司，以弹性制造法代替批量生产。采用电脑设计出199种颜色，1万种不同款式，可根据顾客不同需要进行设计。订单到后，从设计到生产，两星期可交出独一无二的产品。宁波市标准件二厂工人魏山发明的变形金刚式的万能自行车，仅用一把扳手，不用任何附件，可将一辆车变换出108种样式。如脚刹车、脚转向、前轮驱动，可用于代步、康复、娱乐、载贷、车技训练等。

胡耀民在全国平板玻璃包装设计竞赛中，一改通常的固定防震为缓冲防震，一举成功，获竞赛奖金10万元。

我国是继美国、日本之后，第三个研制出陶瓷发动机并将其安装在汽车上进行路试的国家。第一辆使用国产陶瓷发动机的旅游大客车，已在不需要冷却水的情况下，往返于上海、北京之间，行程3500公里，现已正式投入使用。高温结构陶瓷具有耐高温、强度高、抗腐蚀、低导热等优点，因此陶瓷发动机不需要水冷系统，而且在减少发动机内故障和体积的同时，提高了热效率，减少了燃油消耗。

3）联一联

每件东西或事物的结果，跟它的起因有什么联系？能从中找出解决问题的办法吗？某东西与事物联系起来，能帮我们达到什么目的吗？

英国一家图书馆准备搬入新址，负责组织计划的人在考虑如何节省经费问题时，偶尔听到有人谈话中提到"化整为零"，他马上想到图书馆搬家如何化整为零呢？经过思考确定，搬家时取消借书数量限制，敞开借书，并要求将书还到图书馆新址，通过读者还书从图书馆旧址搬到了新址，节省了大量人力物力。

4）学一学

有什么事物可以让自己模仿、学习一下吗？模仿它的形和结构会有什么结果？学习它的原理技术，又会有什么创新？

美国福特汽车公司，为开发新产品，广泛搜集各国名牌车，逐项分析各自优点，组织人员评出400多项优点，有80％体现在金牛座和黑貂车上，创出了自己的名牌。福特看到生产线上装配一辆T型车需12个半小时，他认为太慢了，决心改进，但苦无良策。后来他去参观屠宰场、罐头厂，看看他们运输材料的生产过程。在那里他看到生产线很长，整块猪肉经切碎、蒸煮、装罐，输送过程全用滑轮，不用人力，迅速简便。看了一个多小时，他立即回厂，召集技术员设计制造了装配汽车的输送带，装配一辆车的时间降为83分钟，极大地提高了装配速度。

深度阅读

有一天，香港味精公司的老板向全体职工宣布："为了使本公司的味精销售额上升，每个人都必须在近期内提出一个以上的设想。"当然，与其说是征求设想，还不如说是强迫性的工作较适当。因此，营业部、宣传部及制造部等各部门，纷纷开始设想各种花招，包括什么"附奖"、"赠送"等吸引人的广告，甚至改装味精的容器形状，等等。有个十七岁的年轻女职员非常烦恼，因为规定的期限已经到了，她仍然没有一个好主意。

这天她正在家里吃晚饭，和往常一样，她拿起装海苔香料的罐子，但因为受了潮，香料把洞口塞住了，倒不出来，于是，她就用牙签把洞口弄大些，问题立刻就解决了。就在这一刻，她的灵感来了，她想到可以把味精的内盖洞口加大，如果人们不加注意，就觉得使用起来还像平常一样，这样无意之中就增加了味精的使用量，这是一个把握了人们对于逐渐变化的事物反应较为迟钝的特点，曲匣构造之后所产生的一个很巧妙的设想。

结果，这个女职员的设想被审查人员核定，并且得到奖励；投放市场后，销售额果真上升，因而老板又给了她一个特别奖。

3. 代、搬、反、定

1）代—代

这件东西有什么东西能够代替？如果用别的材料、零件、方法等，行不行？

用纸代布，制成纸衬衣领、纸领带、纸太阳帽、纸内衣、纸结婚礼服等一次性的产品，色彩鲜艳，造型别致，价格低廉，在国际市场上甚为走俏。

美国哥伦比亚自行车公司用环氧树脂做自行车架，重仅为1027克，用这种车架装配的公路赛车，重量仅为7.7～8.4千克，减轻了重量，节省了大量钢材。德国生产的灭火泡沫弹取代了传统的灭火方法，用于机场灭火。当出现火情时，发出信号，在机场范围内，泡沫弹在100秒内就可飞临现场，在20～30微秒瞬间，放出大量泡沫，将火扑灭。

有的国家用鹦鹉代替警察，向儿童宣传交通规则，把儿童应知道的交通规则让鹦鹉学会，然后组织儿童听鹦鹉反复学舌，一遍又一遍，儿童如入童话世界，在不知不觉中记下了交通规则。这种宣传方法，针对儿童的特点，别出心裁，取得了令人满意的效果。

目前，在军队中出现了专业伪装部队，他们的任务就是用科技进步的成果代替土法"障眼法"。解放军工程兵伪装部队2小时可构筑一个假高炮阵地；一夜之间，可在空地旷野上造出"千军万马"之势，"汽车"列队、"火炮"昂首、"导弹"指天。迷彩涂料使车辆、兵器顷刻变成与地貌一样颜色，与周围环境浑然一体；为阵地覆盖新材料制作的伪装网，飞机反复侦察，雷达荧光屏上无回波信号。这支部队运用科技进步成果，在滔滔长江上，用新研制的装备器材，仅 5 小时就架起一座长江大桥。

2）搬一搬

把这件东西搬到别的地方，还能有别的用途吗？这个想法、经验、道理、技术搬到别的地方，也能用得上吗？

金属电镀使产品闪闪发光，电镀能否搬到塑料上呢？目前已开发出的塑料电镀已使塑料制品面目全新。

以前，超声波技术用于清洗、测量、探伤、熔解、研磨、切割等。近年来，通过对超声波技术进一步开发，某些传统产品开发出现了"革命"性变化。日本研制出超声波洗衣机，洗衣时，洗衣机把超声波和空气流一起压入水中，从而使衣物中的油脂和污垢脱离纤维，将衣物洗干净。美国研制出了靠高频超声波缝合衣服的缝纫机，当将化纤、混纺衣料片送入缝纫机内时，超声波便在两块衣料缝合处振动，摩擦热以极高的速度将衣料片粘接在一起，比用针线缝更美观、坚固。日本东京大学研制的超声波洗澡器，启动后，超声波喷射到人体上就会除去全身污垢，并使人神清气爽。国外市场上新近还推出了超声波牙刷，刷牙时，从牙刷毛中喷出一束细小的水柱，并产生气泡和超声波，不仅清洁效率高，而且对牙龈有保健按摩作用。将普通衣用拉链装在肚皮上，我国已获成功。

3）反一反

如果把一件东西、一个事物的正反、上下、左右、前后、横竖、里外颠倒一下，会有什么结果？

正当人们研制当代食品、太空食品时，有些厂家反过来，生产仿古食品，如红楼糕点、清宫食品、西汉古酒等，也同样受到消费者欢迎。

农村木工李林森运用"反一反"的方法，解决了木工刨床易伤手的问题，获得了成功。以前的刨床旋转的刨刀滚动是固定的，木料靠人用手来推动，推到最后，一不小心，手就被刨刀切了。这种结构世界通行，尽管人们采用各种光电、机械防护装置，但都是在"防"字上做文章。李林森采用了与通行结构相反的结构，木料不动刨刀滚动往复行走，从根本上解决了刨刀切人手的问题。

为进口车生产配件的某厂，在广告中一反常规，不写优点，而写明本厂一产品比原装零件耐用率低 30％，欲购者请三思。坦诚道出产品短处，反而生意兴隆。

法国很长时间都没有推广土豆种植。农家断言土豆会使土地变得贫瘠；医生认为土豆对人体健康有害；宗教界称土豆为"鬼苹果"。农学家安瑞·帕尔曼彻在德国当俘虏时，亲自吃过土豆，回到法国后，他决心在法国推广种植土豆，可是在很长时间都未能说服任何人。于是，他要了一个花招，在国王的许可下，在一块低产田里栽培了土豆。根据他的要求，由一排身穿仪仗队服装、全副武装的国王卫士看守这块土地。但这些卫兵只是白天看守，到了晚上全部撤掉。人们受到禁物的引诱，每到晚上都来挖土豆，并把它移到自己的菜园里，就这样土豆在法国得到了推广。

4）定一定

为了解决某一问题或改进某一件东西，为了提高学习、工作效率，防止可能发生的事故或疏漏，需要规定什么？制定一些什么标准、规章、制度？

卜海市昌邑小学科学小组用"定一定"的方法，发明了"读书姿势红绿灯"。把这种灯放在桌上离胸部 20～25 厘米的地方，姿势正确见绿灯，趴在桌子上见红灯，斜坐见到半红半绿。有了这样的规定，以便随时矫正读写姿势，保障身体健康、体形健美、视力正常。

某单位组织植树，计划下午五点完工。上午大家混着干，只完成计划的二分之一。下午分成三人一组，定任务，挖坑、培土、挑水、浇水分工明确，结果全部任务提前一小时完成。同样的工具，由于定了任务，下午的效率比上午提高了一倍多。

近年来，农村出现了拖欠集体管理费、农业税等资金的现象。针对这一较为突出的问题，奉贤县各乡镇在广泛开展"文明五星户"活动中，在评定标准中增加了一条"没有拖欠集体资金"，经过反复宣传，农户纷纷表示尽快向村委会上交拖欠款。

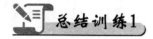

总结训练1

测一测

（1）你是否曾经为了某个理想而设下两年以上的长期计划，并且按计划进行直到完成？

（2）在学校和家庭生活中，你是否能在没有父母及师长的督促下，可以自动地完成分派的工作？

（3）你是否喜欢独自完成自己的工作，并且做得很好？

（4）当你与朋友们在一起时，你的朋友是否常寻求你的指引和建议？你是否曾被推举为领导者？

（5）求学时期，你有没有赚钱的经验？你喜欢储蓄吗？

（6）你是否能够专注地投入个人兴趣连续十小时以上？

（7）你是否有保存重要资料，并且井井有条地整理，以备需要时可以随时提取查阅的习惯？

（8）在平时生活中，你是否热衷于社区服务工作？你关心别人的需要吗？

（9）不论成绩如何，你是否喜欢音乐、艺术、体育活动课程？

（10）在求学期间，你是否曾经带动同学，完成一项由你领导的大型活动，比如运动会、歌唱比赛、画海报宣传活动等？

（11）你喜欢在竞赛中，看到自己表现良好吗？

（12）当你为别人工作时，发现其管理方式不当，你是否会想出适当的管理方式并建议改进？

（13）当你需要别人帮助时，是否能充满自信地要求，并且能说服别人来帮助你？

（14）当你需要经济支援，是否也能说服别人掏钱给你帮助？你在募款或义卖时，是不是充满自信而不害羞的？

（15）当你要完成一项重要的工作时，总是给自己足够时间仔细完成，而绝不会让时间虚度，在匆忙中草率完成？

（16）参加重要聚会时，你是否准时赴约？在平时生活中，你有时间观念吗？你是否能充分运用时间？

（17）你是否有能力安排一个恰当的环境，使你在工作时能不受干扰，有效率地专心工作？

（18）在你交往的朋友中，是否有许多有成就、有智慧、有眼光、有远见、老成稳重型的人物？

（19）你在社区或学校社团等团体中，是否被认为是受欢迎的人物？

（20）你自认是个好的理财人物吗？当储蓄到一定数额时，你是否能想出好的生财计划，钱滚钱，赚出更多的利润来？

（21）你愿意为钱辛苦工作吗？钱对你重要吗？你是否可以为了赚钱而牺牲个人娱乐？

（22）你有足够的责任感为自己完成的工作负责任吗？你是否总是独自挑起责任的担子，彻底了解工作目标并认真执行工作？

（23）你在工作时，是否有足够的耐心与耐力？

（24）你是否能在很短的时间内，结交许多新朋友？你是否能使新朋友对你留下深刻的印象？

以上答案答"是"得一分，答"否"则不计分，请统计你所得的分数，并参照下列答案。

结果说明：

0～5分：你目前并不适合自行创业，应当训练自己从事技术类的行业。

6～10分：你需要在旁人的指导下去创业，才有创业成功的机会。

> 11～15分：你非常适合自己创业，但是在所有［否］的答案中，你必须分析出自己的问题加以纠正。
>
> 16～20分：你个性中的特质，足以使你从小事业慢慢开始，并从妥善管理中获得经验，成为成功的创业者。
>
> 21～25分：你有无限的潜能，只要懂得掌握时机和运气，你将是未来的商业巨子。祝你成功！

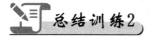

总结训练2

一个创业者的成长历程

现在的姜道泽已经是吉林高丽王朝饮食连锁机构的董事长了，他说，"创业需要四个力，动力、能力、眼力、魄力。"他创业的动力来自改变生活的现实追求。"我10岁就到镇里上学，由于家里穷，一日三餐都是海菜，早上是海菜汤、馒头、咸菜，中午是海菜汤、馒头，一吃就是5年，现在一提海菜我还反胃。"那时，他的梦想就是能过上好日子。

大学毕业后，他也能赚工资了，但工资很低。一个在深圳外资企业工作的同学回来请他吃饭，让他印象特别深刻。"我不会点菜，最后点了15元一碗的冷面，当时就觉着冷面能卖到15元一碗。我自己也要创业。"

有了创业的动力，他一个人来到长春，卖过药品、做过保健品，还卖过服装。"成功第二力，应该有能力。"他说，能力是创业的保障，能力既包括一个人的聪明才智、人际关系等，也包括一个人对事业的认知度和热情程度，还包括一个人的管理能力等素质。

姜道泽感觉，一个人对事业的热情是最重要的成功秘诀。他曾投资开过一家康复中心，建了很规范的场所，引进了很多设备，但是他很快就发现，真正运作起来不是那么回事。"我对医疗行业缺乏更多的了解，对人才的使用也没有专业评价的标准，更没有对市场的准确判断，最关键的是随着生意的平淡我对它的热度也在慢慢减低。"他选择了退出，另辟蹊径。要在自己感兴趣的行当里大显身手，这让姜道泽重新定位自己的创业方向。

在创业路上，他曾经尝到失败的滋味。"成功第三力是眼力，很多人觉得找准市场这是眼力，我觉得眼力的最高境界应该是能否看清自身。"1999年，长春国展购物中心开业，带动了高档服装销售的热潮，他也投身服装销售，选择了一个好的品牌代理。但他发现自己选的服装并不好销。这让姜道泽认识到，自己在这方面缺乏眼力。必须选择自己有眼力的行当创业，这是他总结出的第三条经验。

姜道泽在事业最谷底的时候，又一次面临选择。这一次，他想做出自己的品牌。1999 年春季，姜道泽在外出旅游时发现当地的酱汤味道特别好，他想为什么不能开一家有特色的餐饮店呢？

那年冬天，姜道泽在延边跑了几十个村庄，寻访做酱高手拜师学艺。可是，手艺终于学会后，却发现传统酱汤只能保证一锅汤的味道，用到火锅里千煮百涮必然失去酱香的味道，于是，他用了整整一年时间，将 36 种谷物药材研制成涮多久都保留酱香的火锅酱汤底料。2001 年春节，姜道泽靠着借来的 10 万元资金，启动了他的火锅店。牛排和酱汤做的火锅让长春人充满了好奇，虽说都零下三十摄氏度了，可想尝鲜的人还是排起了长队。火锅店越来越火了，最旺的时候月营业额竟达到 150 万元。到了 2005 年夏天，姜道泽已经在长春开了三家店，资产过千万元。

2005 年夏，经过深思熟虑，姜道泽决定推出一元钱牛排酱汤火锅锅底。

这一招显示了他的魄力，一元的火锅锅底果然吸引了大量的消费者进门。据说，餐馆最忙的时候，一顿饭就要三四百斤排骨，放酱汤的桶要三四桶。"幸好一切都来得及，通过我不断地改进和完善，那些曾喜爱酱汤口味的消费者又回来了。"在姜道泽看来，对市场的判断在创业过程中相当重要，可以让创业者事半功倍。

2006 年，他的火锅连锁店已经遍布全国 70 多个大小城市，4 家直营店的年总营业额超过 4000 万元，70 多家合营店的年总营业额超过了 2 亿元，安置就业人员 1000 余人。在员工的生日会上，他与员工共同高歌："世间自有公道，付出总有回报，说到不如做到，要做就做最好，步步高……"

这是他的追求，创业成功后，他热情回报社会，长年资助前郭县贫困学生，积极为失学儿童捐款捐物。2005 年，他成为首届"创业青年长春贡献奖"15 名候选人之一。"创业需要持续的动力，要让创业途中有很多的加油站，不断给你补充能量，才能创大业。"

姜道泽只是中国创业百姓中的一员。这次发布的百姓创业报告显示，资金仍困扰着创业者。在中国百姓创业的大潮中，这些创业的主角以小规模、小资本、小产品起家，走遍千山万水、说尽千言万语、吃够千辛万苦，才能兴业致富。创业路上，不会一帆风顺，要坚持、要有毅力，这也许就是姜道泽的创业故事给我们的最大启示。

讨论：

（1）创业者应该具备什么样的素质与能力？这些能力中哪些是可以学习的，哪些是基于个性与本能的？

（2）本案例中的创业者具有什么样的特征？在创业过程中哪些因素是促使其成功或失败的主要因素？

_____

_____

_____

（3）分析主人公的创业价值哪些得以实现？哪些没有实现？这些对他目前的经营与企业今后的发展有什么影响？

_____

_____

_____

_____

专家提示

任何真正具有独创性的思想，一开始看上去总有点古怪狂妄，显得不近情理。

——［美］亚伯林罕·马斯洛

不可否认，创造力的作用、自由的创造活动，是人的真正的功能；人的创造活动，是人的真正的功能；人在创造中找到他的真正幸福，证明了这一点。

——［英］马修·阿诺德

小胜凭智，大胜靠德。

——牛根生

一个具有天才的人——具有超人的性格，绝不遵循通常人的思想和途径。

——［法］司汤达

训练十四　创业基本流程

姜贵琴的创业经

2005 年，某市的姜贵琴到城里的亲戚家小住几日，看到副食店中卖酱鸭翅的柜台前竟然排着长长的队伍。亲戚说，这个副食店中的酱鸭翅就是姜贵琴所在的郊区县里一个小工厂生产的。因为酱烧得十分入味，所以在城里特别受欢迎。一连几天，姜贵琴每每路过这家副食店，都会看到那条排队的长龙，而且经常是晚到的人买不到。

姜贵琴看着别人像开着印钞机一样赚钱，很羡慕。她也想照着做。但是，她很清楚虽然自己能吃苦、肯学习，可最大的弱点是对市场一窍不通，而且市场敏感度差，又没有过丁点经营管理的体验。这些都是做生意忌讳的事。该怎么做呢？她希望在动手之前先搞明白，怎么做才能让自己获取利润。

于是，她就找到了这个小厂子，软磨硬泡、托人送礼进了厂子，当了一个车间工人。姜贵琴一共工作了 2 个月，白天将小厂的货源、制作工艺、酱料的调配、送货渠道摸了一清二楚后，晚上再回家偷偷试着制作。等她将自己的酱鸭翅调弄得差不多了，请来品尝的人都说好后，她马上辞职回家，开始着手准备自己生产。

这家厂子不是做得很好吗？不是已经在城里打出了名气吗？不是已经有了现成的模式了吗？干脆在创业时全部向小厂看齐。小厂从哪里进鸭翅，她就去哪里进，这样可以保证原料品质与小厂一致；小厂生产的酱鸭翅味道是什么样，她也向着靠拢，这样可以缩短消费者认知的过程；小厂在城里的哪个街道铺货，她就尽量选同一街道的另一家副食店，这样可以省下了自己开拓市场的成本；唯一不同的是她总比这个小厂晚一个小时送货，这么做的目的，是为了告诉这个小厂，自己仅仅是一个无关紧要的尾随者，不会因此而对她加以防范，甚至采取破坏性举动。跟进的结果使她的创业过程特别省心、顺利。由于那家小厂的酱鸭翅在城里早就出了名，每天很多人想买而买不到，所以姜贵琴这种跟着铺货的方式正好让她捡了一个漏，省下了她开拓市场的成本。最关键的是，那家小厂的厂长知道后，根本没放到心上，还和姜贵琴开玩笑说："您就跟着吧，我们吃肉，当然也不能拦着您喝碗汤呀。"

看到对方根本没把自己的小作坊放在眼里，姜贵琴心里踏实了。开始时，她每天只送一家，后来慢慢发展到 5 家、10 家，不到 1 年的时间，只要是这个小厂在城里选的销售点，走不出二三百米就一定可以找到姜贵琴的酱鸭翅售卖点。仅仅1年时间，姜贵琴靠跟在人家后面卖酱鸭翅赚了17万元。

后来，那家小厂又开始增加一些类似酱烧鸭掌、酱烧鸭头等其他产品。姜贵琴并没有马上跟进。她知道跟在后面的人的最大优势就是在后面能清楚地看到前面所发生的事情，以及这些事情所带来的后果。而且既然是跟，那就不能心急，等等看，人家什么好卖，再决定跟什么。所以，她交代送货的伙计，让他们每天送完货后不要马上返回，一定要等到小厂的售卖点商品卖完后才许回来，晚上再统一向她汇报"侦察"的结果。比如，哪些售卖点是最先上新产品的、哪些新产品畅销、哪些新产品不太受欢迎。姜贵琴将伙计们的反馈一一记在小本子上。等到小厂的新产品销售半个月之后，姜贵琴才考虑是否要增加新品种，先增加哪些品种，增加的品种先送到哪个售卖点。就这样，不紧不慢地跟在小厂的后面，姜贵琴轻轻松松地发着自己的财。

到2007年时，姜贵琴最初依靠一口锅开出的酱食小作坊的规模已经发展得与那家小厂不相上下了。她开始小规模地着手拓展那家小厂以前没有铺货的街道和社区。此时，她也已经琢磨出了一种新的酱料，生产的鸭翅味道更香浓。但是，她并不急于将这种鸭翅推向市场。她一边等待时机，一边继续研制着新品种。

2008年春节前，姜贵琴的资金积累已经达到了将近50万元，新厂房也已经竣工，而姜贵琴对市场销售渠道、销售环境等更是烂熟于心。她准备发力，一举超过那家小厂。

农村很多小厂在春节期间都给工人放假，停止生产。姜贵琴则将厂里的工人组织到一起让他们加班，每天多付3倍的工资，当天的加班费当天就结清，年三十加班每人再另发500元奖金。同时，姜贵琴又将那家小厂放假回家的工人招来了15个，承诺在放假的这段时间里，每天的工资是那家小厂的2倍。从阴历腊月二十到正月十八，姜贵琴将产量提高到平日的5倍，产品品种由5种增加到了11种，其中不但有老品种，还新增了她自己研制的新品种。同时将送货的时间进行了调整，不但每天下午的送货时间提前了整整2个小时，而且还专门增加了一次上午的送货。

春节期间是副食消费的旺季，大家无事在家，亲朋好友相聚总难免要喝点酒助兴，而姜贵琴生产的酱货成了最好的下酒菜。春节前后短短一个月，姜贵琴工厂的利润比平时的6倍还多。

春节过后，市场依然红火。姜贵琴工厂每天保持的送货品种至少在11种以上，并且不断有新的品种推出。每天上、下午各送一次货的制度也得以保留，从此，消费者随时都可以享受到姜贵琴厂生产的新鲜食品。那家小厂等春节后再恢复生产时，发现顾客都跑到姜贵琴那边去了。

如今，姜贵琴当初紧跟的那家小厂，早已不是姜贵琴的对手。现在姜贵琴盯上了城里的一家酱食连锁店。她悄悄地跟到后面，慢慢地积蓄力量，等待时机成熟时一举超越。

在马拉松比赛中，经常可以看到运动员会形成"第一方阵"和"第二方阵"。一个有趣的现象是：最后取得冠军的往往是开始位居"第二方阵"的运动员。因为"第二方阵"的运动员在大部分赛程中都处于"跟跑"的位置，所以可以清楚地看见"第一方阵"运动员的一举一动，并根据其变化很好地把握赛程，调整自己的节奏。另一方面，作为"第二方阵"的成员，他们所承受的心理压力也相对较小，又因为一直处于引弓待射、蓄而不发的状态，积蓄的体能有利于在最后冲刺阶段爆发。所以，"第二方阵"中的运动员获得冠军并非偶然。

姜贵琴在创业的过程中重复了马拉松比赛中经常发生的这一幕：在成长的道路上，瞄准一个目标，紧跟其后，时刻关注对方的一举一动，学习其长处，寻找其弱点，等待时机成熟一举超越。

甘居人后是大赢家的制胜谋略。前面的最怕有人超过他，因此也最痛恨紧随其后的人，甚至会不惜一切手段打压后者。这时，如果你懂得"示弱"，表现出不能也不想和前面对手竞争的态势，对手就可能放过你，而且可能反过来帮助你。姜贵琴总是比对手晚1个小时送货，希望传达的也就是这样一个信息，即：我所追求的仅仅是你们剩余的空间，根本无心也无能力与你们抗争。因此从一开始对手就没将她放在眼里。这给了姜贵琴成长的空间和时间，使她能够在对手的眼皮底下悄悄地壮大。

从策略上讲，"跟跑"实际上是压缩投入成本的最好方法。姜贵琴可谓是将"跟跑"策略发挥得淋漓尽致。第一，她不用费心去考虑市场环境，消费者爱好什么，厌弃什么，因为对手已经为她做了这一切。初出道者因为经验不足，对于市场的需求往往把握不住，采取观望态度，审慎地注视对手的一举一动，进行跟随，是一种明智的策略。像姜贵琴，她只需要跟在对手身后，对手在哪里卖得火，她就在哪里卖，卖的同时，讲究策略，丝毫不引起对手的注意。姜贵琴巧妙利用了前者开拓的市场，一步就跨越了新产品上市消费者所需的认知过程，将风险降到了最低，节省了大量市场开拓的成本，同时也减去了产品反复实验所带来的损耗，相应地提高了利润。第二，在实力逐渐累积以后，如何有策略地攻占对方市场也大有讲究。这表现出了姜贵琴富于心计的另一面。在与对手发展得旗鼓相当时，她先采用侧面迂回的方法，在对手尚未来得及涉足的市场试水，利用开拓新市场空间的办法，在实力不济或尚未有完全把握争胜之时，避免与对方在有限市场空间里正面交锋。等到时机成熟，再进行强力反扑。因为蓄势而来，待机而动，对手根本无还手之力。

从利润角度上讲，"跟跑"者向来比跑在前面的要省力，因此利润率也相对要高。在商业活动中，每一个商业行为都有成本的代价，拣取胜利果实等于将成本最小化了，从而也就等于获得了最大化的利润。

"跟进"哲学是一种应变哲学，绝不是懦夫哲学，甘当"第二方阵"的目的在于在此位上充分谋求利益，避免自身劣势，充分发挥优势。

 案例讨论

（1）姜贵琴最初的成功是怎么来的？

_____

_____

_____

（2）请从创业资源、创业竞争力、创业胜任力三个方面对姜贵琴进行评价。

_____

_____

_____

拓展练习

（1）获取创业资源的途径有哪些？

_____

_____

（2）如何选择适合自己的创业项目？

_____

_____

_____

（3）好的创业项目具有哪些特征？

_____

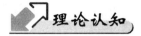

一、评估市场机会

在创业过程中，目标市场的选择正确与否，对企业经营的成败有着重要的影响。

选择合适的市场，首先要进行市场分析，在科学分析的基础上进行目标市场的划分与选择，从而确定合适的市场策略，制定合理的竞争策略。

对于一位目光敏锐的创业者来说，市场机会每时每刻都在出现。但是，并不是所有的市场机会都是可以通向成功与财富的康庄大道，相反，许多时候，一个看似前景远大的市场背后，往往隐藏着许多困难和问题。创业者如果仅凭激情行事，不对市场进行深入评估，匆忙作出决定，就很容易作出错误决定，导致创业失败。

因此，在发现市场机会后，对市场机会进行客观地评估，以理性的方式决定下一步的行动，是一名优秀的创业者所必须具备的能力。

（一）市场细分

所谓市场细分，是指市场调查，依据消费者的需求、购买欲望和购买习惯等方面明显的差异性，把某一产品的整体市场划分为若干个消费群市场的分类过程。在这里，每一个消费群就是一个细分市场，其内部的消费者对同一产品具有极为相似的需求倾向。市场细分的基础是同一产品的消费需求具有多样性和差异性。从消费需求角度看，整个市场可分为两类，一类是同质市场，即消费者对某一产品的需求、购买欲望、购买行为，以及对企业营销策略的反应等方面具有基本相同相似的一致性；另一类是异质市场，即消费者对某种产品的质量、用途、特性等方面的需要和欲望是不同的，或者在购买行为、购买习惯等方面存在差异性。正是由于这些差异性市场的存在，使市场细分成为可能，市场细分实际上就是把一个异质市场划分为若干个相对来说同质的细分市场。

1. 市场细分应遵循的原则

1）可衡量性

细分的市场必须是可以识别和衡量的，细分出来的市场不仅范围比较明晰，而且也能大致判断市场的大小。

2）殷实性

细分的市场必须大得足以容纳企业实现它的利润目标。殷实的细分市场，应是那些拥有足够的潜在购买者的市场，并且它们又有充足的货币支付能力，使企业能够补偿生产与销售成本，并能获得利润的市场。

3）可进入性

细分的市场必须是企业的营销活动能够抵达的市场，是企业能够对顾客发生影响、产品能够展示在顾客面前的市场。

4）反应差异性

细分的各个子市场，对企业市场营销方式的变化都能灵敏的作出差异性的反应。

2. 进行市场细分时候遵循的程序

1）选择一种产品或市场范围以供研究

将要进行细分的市场，应与企业任务、企业目标相联系。

2）选择市场细分的形式

市场细分可以是一种，但更多的是两种以上的结合。选择的根据通常是以往营销活动的结果和经验。例如，一家染发剂制造商可能想要考察并按照人口统计因素和生活格调来细分其产品市场。

3）确定细分变量

在选定的细分形式中，挑选出具体的细分变量作为分析单位。例如，一家采用地理位置细分的批发商，可能选择城市与乡村作为细分的分析单位。

4）市场调查并进行分析和评估

通过调查了解市场的主要特征，了解消费者的动机、态度和行为等。市场调查需要收集的资料有：消费者购买影响因素的排序、品牌知名度和品牌排序、产品使用方式、对产品类别的态度、被调查对象的人口和心理特点等。然后，通过对调查资料的数据处理和统计进行分析，剔除相关性很大的变量，找出若干差异性较大的细分市场。

5）划分和调整细分市场

根据消费者不同的态度、行为、人口变量、心理变量和一般消费习惯划分出每一个群体，然后依据最主要的特性为每一个细分市场取名，由于市场环境不断变化，所以细分市场也必须定期进行调整。企业可根据消费者购买商品时的品牌偏好和品牌排序的变化对细分市场进行调整。

6）选择目标市场

按照企业的资源和能力、细分市场的赢利程度选择企业的目标市场，并针对选定的目标市场设计营销组合策略。

（二）目标市场

所谓目标市场，是指企业营销活动所满足的市场，是企业为实现预期目标而要进入的市场。企业的一切营销活动都是围绕目标市场进行的。选择和确定目标市场，明确企业的具体服务对象，关系到企业任务、企业目标的落实，是企业制定营销战略的首要内容和基本出发点。

一个企业究竟应当采用哪一种目标市场策略，取决于企业、产品、市场等多方面的条件。

1. 企业资源

如果企业实力雄厚、管理水平较高，根据产品的不同特性可考虑采用差异性或无差异性目标市场策略；而资源有限，无力顾及整体市场或多个细分市场的企业，则宜于选择集中性目标市场策略。

2. 产品性质

这是指产品是否同质，能否改型变型。诸于大米、小麦、煤炭等某些初级产品，尽管这些产品自身可能会有某些品质差别，但顾客一般并不太重视或不加区别，因而这类产品适宜实行无差异营销；相反，对于品质、性能等方面存在较大差别的产品，消费者对其的需求也是多样化的，这类产品适宜采用差异性或集中性的策略。

3. 市场是否同质

如果顾客的需求、购买行为基本相同，对营销方案的反应也基本一样，即市场是同质的，在此情况下可实行无差异营销，反之，则应实行差异性或集中性的策略。

4. 产品生命周期

处于介绍期和成长前期的新产品，竞争者较少，品种比较单一，宜于采用无差异目标市场策略，以便探测市场需求和潜在顾客，产品一旦进入成长后期或已处于成熟期，市场竞争加剧，就应该为差异性营销，以利于开拓新市场，或实行集中性营销，以设法保持原有市场，延长产品生命周期。

5. 竞争对手的目标市场策略

假如竞争对手采用无差异营销策略，本企业应当采用差异性策略以提高产品的竞争力；假如竞争对手都采用差异性营销策略，本企业就应当进一步细化分市场，实行更有效的差异性或集中性策略。

二、创业计划书的基本内容

创业计划是全方位描述创业整体设想的文件，制定创业计划需要分析和描述创办一个新的风险企业所需的各种因素，其目的是为了通过撰写计划的过程对企业自身进行自我评估，对创业前景有更加清晰的认识，并且期望通过计划书获得风险投资家的风险资本。

从国内外风险投资发展的经验来讲，创业企业是否有很好的创业计划书对于成功地吸引风险投资是极为关键的。由于创业企业多是新成立的或设立不久的企业，缺乏历史数据。对于迫切需求风险资金的创业者而言，只能通过对创业计划书的评估来作出自己的选择。因此，创业计划书是风险企业和风险投资家发生利益关系的第一载体，一份良好的创业计划书往往被称为风险企业吸引风险投资的"敲门砖"。创业计划书应包括以下基本内容。

1. 摘要

摘要是全部计划书的核心所在，是创业计划的精髓。摘要中应清楚表达以下内容：公司介绍、主要产品和业务范围、市场概貌、销售计划、生产管理计划、管理者及其组织、财务计划、资金需求状况等。摘要放在最后写，即在完成创业计划书之后，在对整个项目有彻底把握的基础上，以简练、精辟的语言表达出来。

2. 公司介绍

公司介绍主要表达公司的发展历史、现在情况以及未来的规划。具体而言，主要包括公司名称、地址、联系方法等基本信息；公司的业务状况、发展史、未来发展规划等经营信息；公司与众不同的竞争优势信息。

3. 技术研究和开发

公司的研发情况是指投入研究开发人员、资金计划及所需要实现的目标，主要包括：研究资金投入、研究人员情况、研发设备，以及研究技术先进性及发展历史。首先，对技术的来源和所有权问题进行详细、诚实的说明。然后介绍企业的技术研发力量和未来的技术发展趋势，以及研发新产品的成本预算和时间精度。

4. 产品或服务

创业计划的核心是一项创新性的产品或服务，以及它对最终客户的价值，主要内容是：产品名称、特征及性能用途；产品的开发过程；产品处于市场发展周期哪一段；产品的市场前景和竞争力如何；产品的技术改进和更新换代计划及成本。

5. 管理团队

对团队的标定，一般包括：对管理团队的主要情况作全面介绍；将管理机构、各部门的构成情况等以一览表的形式展示出来；特别需要提出的是，要充分体现创业团队的战斗力和团队精神，包括他们的职业道德、能力与素质。

6. 市场与竞争分析

许多创业计划不能取得成功的主要原因是产品市场不够大，或不能创造足够的利润。因此，创业者要在对市场进行充分调研的基础上，对自身产品的市场进行合理的预测，并制定出相应的市场策略。内容主要包括：①市场用户情况。分析顾客群的数量及构成；市场占有率如何；市场竞争情况如何；是否已经建立了完整的市场营销网络；营销手段如何等。②产品或服务的市场前景预测。新产品所在行业的前景如何；新的产品是否存在市场需求；市场需求的规模有多大；影响未来需求的因素有哪些；新产品的潜在目标顾客是什么等。③市场营销策略。营销机构和营销团队；营销渠道的选择和营销网络的构建；广告策略和促销策略；价格策略；市场渗透与开拓计划；市场营销中意外情况的应急对策等。

7. 生产经营计划

明确阐述新产品的生产制造及经营过程。主要介绍生产原料如何采购、供应商有关情况、劳动力和雇员情况、生产资金的安排以及厂房、土地等。这部分内容要详细，细节要明确。这是对项目估值时的重要依据。在创业计划书中还要列出企业的主要设备和设施，包括生产设备、交通工具、厂房设施、商店设施、办公用品等，写明是否租赁，是否分期付款等。

8. 财务规划

财务规划一般包括：①财务规划的条件假设。②预计的资产负债表，预计的利润及附表，预计的现金流量表。③资金需求表，对所需资金的筹集情况、需要数量、时间以及使用状况、对投资的回报情况等。

9. 风险因素

风险因素是指详细说明项目实施过程中可能遇到的风险，并且提出有效的风险控制和防范手段。企业可能面临的风险包括：技术风险、市场风险、管理风险、财务风险和不可预见的风险。创业者要客观、实事求是地分析各种风险，不可人为缩小、隐藏风险因素。

10. 风险投资的退出方式

明确撤出计划，就是如何把投资者的投资以金钱的形式归还给他们。

企业可以根据各自的情况制定各种各样的撤出计划。一般来说，投资者只对以下几个方面的撤出计划感兴趣。

1）股票上市

投资者期望企业未来可以公开上市，进入股票交易市场。投资者把股票在股市出售后，可以转而投资另外的企业。

2）企业被收购或与其他企业合并

如果不能做到股票上市，投资者希望企业将来有机会被其他企业收购或与其他企业合并。他们可以在企业出售或合并的同时出售股票，其获利方式与股票上市的情况基本相似。

3）企业收回股权

被投资的企业在一定时间后回收投资者股份是投资者另外的一种撤出方式。

4）股权转让

投资者也可以在适当的时候把手中的股份转让给其他的投资者。

投资者实际关心的是投资收益，因此在创业计划书中，一定要以让人信服的方式，满足投资者的投资收益预期，进而使其接受并认可创业项目，注入投资资金。

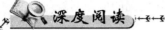

创业计划书 6C 规范

撰写创业计划书，首先需要 6C 的规范。

第一是 Concept（概念）。就是让别人知道你要卖的是什么。

第二是 Customers（顾客）。顾客的范围要很明确，比如说认为所有的女人都是顾客，那五十岁以上、五岁以下的女性也是你的客户吗。

第三是 Competitors（竞争者）。需要问，你的东西有人卖过吗，是否有替代品，竞争者跟你的关系是直接的还是间接的等。

第四是 Capabilities（能力）。要卖的东西自己懂不懂？比如说开餐馆，如果师傅不做了找不到人，自己会不会炒菜？如果没有这个能力，至少合伙人要会做，再不然也要有鉴赏的能力，不然最好是不要做。

第五是 Capital（资本）。资本可以是现金，也可以是有形或无形资产。要很清楚资本在哪里、有多少，自有的部分有多少，可以借贷的有多少。

第六是 Continuation（持续经营）。当事业做得不错时，将来的计划是什么。

三、获取人脉资源

人脉即人际关系、人际网络，体现人的人缘、社会关系。稳健、强势的社会关系对创业者来说是十分重要的。尤其在当前市场经济条件下，拥有人脉对创业者顺利创业将起到极大地促进作用。

在个人创业过程中人脉是第一资源，拥有良好的人脉关系，能更容易找到投资人、获得新技术与新产品信息、建立有效地销售渠道等。整合人脉资源是创业成功的基本条件。

（一）人脉的分类

人脉按形成的过程可以分为：血缘人脉、地缘人脉、学缘人脉、事缘人脉、客缘人脉、随缘人脉等。

1. 血缘人脉

由家族、宗族、种族形成的人脉关系，相互之间由亲情维系。

2. 地缘人脉

因居住地域形成的人脉关系，最典型的就是"两眼泪汪汪"的老乡关系。老乡关系因所处地域的大小而不同，出了乡同乡的是老乡，出了县同县的是老乡，出了省同省的是老乡，出了国全中国的人都是老乡，相互之间体现的是乡情。

3. 学缘人脉

因共同学习而产生的人脉关系。学缘人脉不仅局限于时间较长的小学、中学、大学的同学关系，随着人们的现代交际意识的提高，各种各样的短期培训班以及会议中，都蕴涵着十分丰富的人脉关系资源，学缘人脉往往在专业、志向、职业等方面有相似性，相互利益又不会发生冲突，往往对创业者会有极大的帮助。

4. 事缘人脉

因共同工作或处理事务而产生的人脉关系。事缘人脉不仅仅局限于工作中的同事、上司、下属，一段短暂的共事经历也能形成良好的人脉关系。比如一个单位或多家单位为完成一项任务或项目，而临时抽调人员组成团队，任务完成后各自归队，但共同工作与生活的友谊则会留在每一个人的心中。

5. 客缘人脉

因工作中与各类客户打交道而形成的人脉关系。比如厂家、供应商、零售商、加盟商、合作商、消费者等，在进行商务交易和往来的过程中，其实是互为顾客关系。这种真金白银的商业活动在考验着每一个人的能力和品行。在和利益的博弈中有时能真正考验相互关系的深浅。

6. 随缘人脉

"有缘千里来相会"，人是有缘分的。一个短暂的聚会，一次偶然的邂逅，这都是上天给我们安排的随缘机会，只要我们抢抓机遇，善于表现自己，而又理解他人，缘分就会降临，你的人生或事业也能从此与众不同。

另外，人脉按作用还可以分为：政府人脉资源、金融人脉资源、行业人脉资源、技术人脉资源、思想智慧人脉资源、客户人脉资源、高层人脉关系（比如老板、上司）、低层人脉资源（比如同事、下属）等。

（二）如何开拓人脉资源

1. 多用熟人

熟人介绍是一种事半功倍的人脉资源扩展方法，它具有倍增的力量。一个人的能力再强，但是他的精力和时间是固定的、有限的。一位营销人员，要想在短时间内开发出大量的客户资源，只要利用中转介绍的机制，就能产生一生二、二生三、三生万物的几何指数的倍增效应。人脉资源的扩展也是如此。

熟人介绍加快了人与人信任的速度，提高了合作成功的概率，降低了交往成本，是一种人脉资源积累的捷径。所以，在商务活动中，我们要养成一些习惯性的活动，例如："如果有合适的客户或对象麻烦介绍给我，谢谢！""如果有需要这方面产品或服务的人，麻烦您告诉我。""我们今晚有活动，您可以带一些朋友一起过来。""您有这方面的朋友吗？是否可以介绍给我让我们认识一下？"等，这样的话多说几次之后，对方也会形成一种习惯性的思维，如果真有合适的客户或对象，他就会想起你说过的话。

2. 巧用贵人

我们通常所说的"贵人"可能是指某位身居高位的人，也可能是指令你心仪欲模仿的对象，无论在经验、专长、知识、技能等各方面都比你略胜一筹。他们也许是你的上司，也许是你的同事或朋友。

案例

　　这是发生在美国的一个真实故事：在一个风雨交加的夜晚，一对老夫妇走进一间旅馆的大厅，想要住宿一晚。

　　旅馆的夜班服务生说："十分抱歉，今天的房间已经被早上来开会的团体订满了。若是在平常，我会送二位到其他旅馆，可是我无法想象你们要再一次置身于风雨中，你们何不待在我的房间呢？它虽然不是豪华的套房，但还是蛮干净的。因为我必须值班，我可以待在办公室休息"。

　　这位年轻人很诚恳地提出了这个建议。老夫妇大方地接受了他的建议，并对给服务生造成的不便表示抱歉。

　　隔天雨过天晴，老先生前去结账时，柜台仍是昨晚的这位服务生，这位服务生依然亲切地表示："昨天您住的房间并不是饭店的客房，所以我们不会收您的钱，也希望您与夫人昨晚睡得安稳"。

　　老先生点头称赞："你是每个旅馆老板梦寐以求的员工，或许改天我可以帮你盖栋旅馆"。

　　几年后，这位服务生收到了一位先生寄来的挂号信，信中说了那个风雨交加的夜晚发生的事情，另外还附了一张邀请函和一张纽约的往返机票，邀请他到纽约一游。

　　在抵达曼哈顿几天后，服务生在第五街的路口遇到了这位当年的旅客，这个路口正矗立着一栋华丽的新大楼，老先生说："这是我为你盖的旅馆，希望你来为我经营，记得吗？"

这位服务生惊奇地问："你是不是有什么条件？你为什么选择我呢？你到底是谁？"

"我叫威廉·阿斯特，我没有任何条件，我说过，你正是我梦寐以求的员工。"

这个旅馆就是纽约最知名的 Waldorf（华尔道夫）饭店，这家饭店在1931年启用，是纽约极致尊荣地位的象征，也是各国的高层政要造访纽约下榻的首选。

当时接下这份工作的服务生就是乔治·波特，一位奠定华尔道夫世纪地位的推手。

是什么让这位服务生改变了他命运？毋庸置疑的是他遇到了"贵人"，可是如果当天晚上是另外一位服务生当班，会有一样的结果吗？

经营人脉的"脉客"们苦心经营的无非是能在关键时候帮助我们的"贵人"，其实，"贵人"无处不在，人间充满着许许多多的因缘，每一个因缘都可能将自己推向另一个高峰，不要随便忽视任何一个人，也不要忽视任何一个可以助人的机会，学习对每个人都热情相待，学习把每一件事都做到完善，学习对每一个机会都充满感激，我们就是自己最重要的贵人。

3. 善用名片

名片就是资源，善用名片是拓展人脉资源的重要途径。首先，当你和他人在不同场合交换名片时，务必详尽记录会面的人、事、时、地、物。交际活动结束后，应回忆一下刚刚认识的重要人物，记住他的姓名、企业、职务、行业等。第二天或过两三天，主动打个电话或发个邮件，向对方表示结识的高兴，或者适当地赞美对方的某个方面，或者回忆你们愉快的聚会细节，让对方加深对你的印象和了解。

其次，对名片进行分类管理。你可以按地域分类，如按省份、城市；也可以按行业分类；还可以按人脉资源的性质分类，如同学、客户、专家等。

第三，养成经常翻看名片的习惯，工作的间隙，翻一下你的名片档案，给对方打一个问候的电话，发一个祝福的短信等，让对方感觉到你的存在和你对他的关心与尊重。

四、创 业 团 队

无论是在传统的制造业，还是在现代的高科技产业中，团队创立的企业要比个人创立的企业多很多。特别是在高科技产业中，创业所要求的能力涵盖管理、技术、营销、财务等各个方面，远不是单个创业者自己力所能及的。从质量角度来说，大量的实证研究表明，团队创办的企业在存活率和成长性两个方面都显著高于个人创办的企业。

团队是一个少数成员组成的小组，小组成员具备相辅相成的技术或技能，有共同的目标，共同承担最终的结果和责任。团队有如下特征：①拥有一个共同的任务和目标；②共同承担风险与责任；③成员间知识技能具有互补性；④成员之间信息共享，彼此尊重、诚信；⑤对团队的事务尽心竭力，全方位奉献。

（一）创业团队的组建

根据团队的特征，创业者在建立创业团队时，应该尽可能把"主内"与"主外"的不同人才，耐心的"总管"和具有战略眼光的"领袖"，技术与市场等方面的人才都考虑进来，保证团队的异质性。团队的组建还要注意每一个人的性格与思维方式的差异。如果一个团队总能提出可行性建议，拥有能不断地发现问题的成员，对于创业过程将大有裨益。另外，还有一点需要特别注意，那就是一定要选择对团队项目有热情的成员，并且要使所有人在企业初创就要有每天长时间工作的准备。任何人才，不管他的专业水平多高，如果对创业事业信心不足，将无法适应创业的需要。

创业团队的凝聚力、合作精神、敬业精神会帮助新创企业度过危难时刻，加快成长步伐。另外，团队成员之间的互补、协调以及与创业者之间的补充和平衡，对新创科技型企业起到了降低管理风险，提高管理水平的作用。

（二）创业团队的组建原则

1. 志同道合的原则

选择合作伙伴首先要志同道合。志同道合是指要有相同的价值观，相同的梦想和相同的金钱观。合作伙伴是要一起打天下的，因此对合作伙伴要像选择伴侣一样精心挑选。创业伙伴可在血脉、学脉、乡脉、业脉中寻找，有相同的创业理念，才能在一起经历风雨、同甘共苦。没有志同道合为基础，在合作的过程中，朋友常常会反目，甚至成为掘墓人。

2. 优势互补的原则

合作就是扬长避短、优势互补。合作伙伴技术、能力上的差异化，可形成一个基于机会和发展需要的团队，能使企业迅速而正常的运转。合作伙伴如果能弥补并平衡核心创业者的能力不足，则对新创企业具有非常重要的意义。具有战略眼光的"董事长"、执行力强的"总经理"，在创业过程中会各尽所长。

3. 管理规范的原则

俗话说"没有规矩不成方圆"，合作伙伴之间不管关系多么亲密无间，也应先制定好相关的规章制度，让合作伙伴明确互相的利益关系和分配制度原则。除感情支配外，更需要理性的制约和规定，才能确保企业运行效率，才不致日后利润渐大、欲分道扬镳时产生各种纠纷。

（三）创业团队运行

1. 树立正确的创业理念

成功的创业者是以正确的创业理念来指导创业活动和组建创业团队的。创业理念决定着创业团队的性质、宗旨和获取的回报，并且关系到创业的目标和行为准则。这些准则指导着团队成员如何工作和如何取得成功。

共同的创业理念是组成团队的基本准则。许多拥有杰出的技术或其他相关技能以及良好教育背景的人一起创业，往往由于缺乏共同的创业理念，他们的极端个人主义与团队的一致性格格不入，最终导致创业失败。

一个创业团队一般应树立以下创业理念：

（1）凝聚力，即团队成员相信他们处在一个利益共同体中，共享利益，共担风险；

（2）团队工作，即作为一个团体而不是靠个别的"英雄"来工作，每个人的工作相互依赖和支持，依靠事业成功来激励每个人；

（3）正直，这是有利于顾客、公司和价值创造的行为准则，它排斥纯粹的实用主义或利己主义，拒绝狭隘的个人和部门利益；

（4）为长远着想，团队相信他们正在为企业的长远利益工作，正在成就一番事业，而不是把企业当做一个个人快速致富的工具，他们追求的是最终的资本回报及带来的成就感，而不是当前的收入水平、地位和待遇；

（5）承诺价值创造，即团队成员承诺为了每个人而使"蛋糕更大"，包括为顾客增加价值，使供应商随着团队成功而获利，为团队的所有支配者和各种利益相关者获取利益；

（6）正确的平等观和公平原则，即在权利与利益分配上，团队成员不追求绝对的民主和平等，而是基于团队成员在一定时期内的职责、能力、贡献和企业绩效，并随时间推移做相应调整。

2. 妥善处理团队成员之间的权利和利益关系

首先，是权力关系。在创业团队运行过程中，团队要确定谁适合于从事何种关键任务和谁对关键任务承担什么责任，以使能力和责任达到最优配置。

其次，是利益关系。一个新创企业的报酬体系不仅包括诸如股权、工资、奖金等金钱报酬，而且包括个人成长机会和提高相关技能等方面的因素。每个团队看重的利益追求并不一致。有些人追求的是长远的资本利益，而另一些人追求的是短期收入和职业安全。对后者来说，股权激励可能并不如高工资受欢迎。

由于新创企业的报酬体系十分重要，而且在创业早期阶段财力有限，因此要认真研究和设计整个企业生命周期的报酬体系，以使之具有吸引力，并且使报酬水平不受贡献水平的变化和人员增加的限制，即能够保证按贡献付酬和不因人员增加而降低报酬水平。

3. 警惕隐性危机

第一个是准备不足。一个创业团队初期往往缺乏处理棘手问题的经验，从而可能不能处理下列敏感问题：谁拥有多少股权；谁将承诺奉献出多少时间、资金或其他资源；如何解决分歧；一个团队成员如何才能离开和怎样离开。这些问题如果不妥善解决，有可能导致团队过早解散。

第二个是一个新企业团队形成初期成员之间已经认可的通常做法，可能随着创业进程的发展而遇到挑战。例如，几个创业者，通常是同学、朋友或者同事，在创业时决定采取分享平等的股权、工资、办公室大小和车辆等，来表示平等。但是遗留的问题是：谁来主管？谁来决定？如何解决存在的分歧？角色的某些重叠和决策的平等协商是值得的，但如果过度平等就可能导致矛盾无法及时解决，以致对创业进程产生障碍。

第三个是不相信核心创业者和团队成员存在不足，自高自大，认为自己无所不能，不愿接受优秀人才加盟进来，制约企业的发展壮大；或者过于迷恋和相信一个产品创意，结果费尽周折之后，才发现是死路一条。

第四个是在投资者、团队成员、核心创业者中的破坏性动机所引起的严重问题。如果对这种潜在的破坏性动机缺乏警惕，例如对团队过分关注权利、金钱的行为不引起重视，将使团队变质，成为滥用权利、损公肥私的场所。

第五个是盲目的过度信任。团队成员之间没有信任不能成功。但盲目地信任别人只能吃亏上当，遭受损失。信任通常是通过长期的考察获得的，需要极大的耐心和不断的试验。

五、创 业 融 资

融资主要是指资金的融入，也就是通常意义的资金来源，具体是指通过一定的渠道、采用一定的方法、以一定的经济利益付出为代价，从资金持有者手中筹集资金，满足资金使用者在经济活动中对资金需要的一种经济行为。

（一）融资的方式

美国经济学家格利和爱德华把融资方式按照其储蓄与投资的关系分为内源融资和外源融资。

从企业的角度看，内源融资是指企业经营活动创造的利润和扣除股利后的剩余部分（留存收益）以及经营活动中提取的折旧。折旧是以货币形式表现的固定资产在生产过程中发生的有形和无形损耗，它主要用于重置损耗的固定资产的价值；留存收益是企业内源融资的重要组成部分，是企业在投资或债务清偿的主要资金来源。

外源融资是指企业通过一定方式从外部融入资金用于投资，包括来自金融中介机构的贷款、企业间的商业信用、通过公开市场或私人市场发行股票、债券和票据等。外源融资要靠企业外部的机构或个人获得资金。它对企业的资本形成具有自主性、低成本性、抗风险性、有限性等特点，是企业生存与发展不可或缺的重要组成部分。

一般来说，内源融资的成本低，但来源有限且不稳定，如果仅仅依靠内源融资，企业的发展会受到很大限制。企业要实现其潜在增长率，必须要有外源融资。

（二）如何做好融资准备

所谓"知己知彼，百战不殆"，融资准备工作也必须从"内外"两大因素入手：一是做好内部建设，对企业现状和发展前景有清晰的认识；二是逐步了解外部的融资环境，可以通过聘请专业融资顾问获得帮助，为成功融资创造条件。具体包括以下几项。

1. 企业自身建设

涉及赢利模式、团队管理、市场客户和产品技术等几大要素。其中团队管理具有管理能力、凝聚力和进取心的特点，是创业成功的重要保证。

2. 制定融资战略

需要考虑的问题有：融资的时机、所需资金数量、融资采取的方式等。企业应当根据不同发展阶段来考虑融资数量和资金投入的时机。融资方式的选择需要结合自身条件和各种融资渠道的风险、成本综合考虑。

3. 资料和人员的准备

将企业的情况和融资计划写成简明、有说服力的书面文档，凸显明显价值，使投资者通过相关材料对企业有清楚的认识。需要注意的是，随着融资各项工作的到位，内部操作人员专业素质缺乏亦可能导致融资谈判失败，所以适时组织内部人员参加培训也是重要的准备。

4. 聘请外部专家

由于创业者往往缺乏融资经验与时间精力，聘请专业融资顾问是最好的选择，他们将为融资的各个步骤提供专业意见，并利用积累的融资渠道为企业引荐合适的投资者。

（三）创业融资的渠道

对创业者来说，能否快速、高效地筹集资金，是创业企业站稳脚跟的关键，更是实现二次创业的动力。据了解，目前国内创业者的融资渠道较为单一，主要依靠银行等金融机构。而实际上，风险投资、天使投资、创新基金、中小企业担保贷款、政府基金、典当融资都是不错的创业融资渠道。

1. 风险投资：创业者的"维生素 C"

在英语中，风险投资的简称是 VC，与维生素 C 的简称 VC 如出一辙，而从作用上来看，两者也有相同之处，都能提供必需的"营养"。广义的风险投资泛指一切具有高风险、高潜在收益的投资；狭义的风险投资是指以高新技术为基础，生产与经营技术密集型产品的投资。根据美国全美风险投资协会的定义，风险投资是由职业金融家投入到新兴的、迅速发展的、具有巨大竞争潜力的企业中的一种权益资本。

> 重庆江北通用机械厂从 1995 年开始研制生产大型氟利昂机组新产品，其具有兼容功能，并可以用其他冷冻液进行替代。由于银行对新产品一般不予贷款。重庆风险投资公司提供了 100 万元贷款。两年后，江北通用机械厂新产品销售额达 7000 万元。

2. 天使投资：创业者的"婴儿奶粉"

天使投资是自由投资者或非正式风险投资机构，对处于构思状态的原创项目或小型初创企业进行的一次性的前期投资。天使投资虽是风险投资的一种，但两者有着较大差别：天使投资是一种非组织化的创业投资形式，其资金来源大多是民间资本，而非专业的风险投资商；天使投资的门槛较低，有时即便是一个创业构思，只要有发展潜力，就能获得资金，而风险投资一般对这些尚未诞生或嗷嗷待哺的"婴儿"兴趣不大。

在风险投资领域，"天使"这个词指的是企业家的第一批投资人，这些投资人在公司产品和业务成型之前就把资金投入进来。天使投资人通常是创业企业家的朋友、亲戚或商业伙伴，由于他们对该企业家的能力和创意深信不疑，因而愿意在业务远未开展之前就向该企业家投入大笔资金，一笔典型的天使投资往往只是区区几十万美元，是风险资本家随后可能投入资金的零头。

对刚刚起步的创业者来说，既吃不了银行贷款的"大米饭"，又沾不了风险投资"维生素"的光，在这种情况下，只能靠天使投资的"婴儿奶粉"来吸收营养并茁壮成长。

牛根生在伊利期间因为订制包装制品时与谢秋旭成为好友，当他自立门户之时，谢秋旭作为一个印刷商人，慷慨地掏出现金注入到初创期的蒙牛，并将其中的大部分股权以"谢氏信托"的方式"无偿"赠与蒙牛的管理层、雇员及其他受益人，而不参与蒙牛的任何管理和发展安排。最终，谢秋旭也收获不菲，380 万元的投入如今已变成 10 亿元。

3. 创新基金：创业者的"营养餐"

　　近年来，我国的科技型中小企业的发展势头迅猛，已经成为国家经济发展新的重要增长点。政府也越来越关注科技型中小企业的发展。同样，这些处于创业初期的企业在融资方面所面临的迫切要求和融资困难的矛盾，也成为政府致力解决的重要问题。

　　有鉴于此，结合我国科技型中小企业发展的特点和资本市场的现状，科技部、财政部联合建立并启动了政府支持为主的科技型中小企业技术创新基金，以帮助中小企业解决融资困境。创新基金已经越来越多地成为科技型中小企业融资可口的"营养餐"。

　　兰州大成自动化工程有限公司自运行一年来，主要进行产品开发，几乎没有收入，虽然技术的开发有了很大的进展，但资金的短缺越来越突出。当时正值科技型中小企业技术创新基金启动，该公司得知后非常振奋，选择具有国际先进水平的"铁路车站全电子智能化控制系列模块的研究开发与转化"项目申报创新基金。为此，他们进一步加快了研发的速度，于 1999 年 12 月通过了铁道部的技术审查，取得了阶段性的成果。正因为该公司有良好的技术基础，于 2000 年得到了创新基金 100 万元的资助，它不仅起到了雪中送炭的作用，而且起到了引导资金的作用。同年，该项目又得到了甘肃省科技厅 50 万元的重大成果转化基金，教育部"高等学校骨干教师资助计划"12 万元的基础研究经费。2001 年，针对青藏铁路建设的技术需求，该项目被列入甘肃省重点攻关计划，获得支持科技三项费用 30 万元。

4. 中小企业担保贷款：创业者的"安神汤"

　　一方面，中小企业融资难，大量企业嗷嗷待哺；另一方面，银行资金缺乏出路，四处出击，却不愿意贷给中小企业。究其原因主要在于，银行认为为中小企业发放贷款，风险难以防范。然而，随着国家政策和有关部门的大力扶植以及担保贷款数量的激增，中小企业担保贷款必将成为中小企业另一条有效的融资之路，为创业者"安神补脑"。

　　上海一家高科技公司属于国内一流艺术灯光景观建设专业企业，开发了数十项产品。在强大的科技研发能力支持下，该公司业务发展迅速。与业务发展相伴而行的则是资金困境。工程类企业的行业特点是资金回笼速度慢，营运资金占用情况严重。但由于公司规模较小，又缺乏与银行合作的信用记录，获得银行融资困难重重。

　　2005 年底，该公司得到中国投资担保有限公司提供保证担保的 80 万元流动资金贷款，由此，该公司取得了快速发展，2007 年 6 月～7 月，该公司先后中标 2008 年北京奥运场馆照明工程。

5. 政府基金：创业者的"免费皇粮"

　　近年来，政府充分意识到中小企业在国民经济中的重要地位，尤其是各省市地方政府，为了增强自己的竞争力，不断采取各种方式扶持科技含量高的产业或者优势产业。为此，各级政府相继设立了一些政府基金予以支持。这对于拥有一技之长又有志创业的诸多科技人员，特别是归国留学人员是一个很好的吃"免费皇粮"的机会。

　　2001 年在澳大利亚度过了 14 年留学和工作生涯的施正荣博士，带着自己 10 多年的科研成果回到家乡无锡创业。当无锡市有关领导得知施正荣的名声和他的太阳能晶硅电池科研成果在国内还是空白时，立即拍板要扶持科学家做老板。在市经委的牵头下，无锡市政府联合当地几家大国企投资 800 万元，组建了无锡尚德太阳能电力有限公司。有了政府资金的鼎力支持，尚德公司有了跨越式发展，仅仅 3 年时间销售额已经过亿元，成为业界明星企业。

6. 典当融资：创业者的"速泡面"

　　风险投资虽是天上掉馅饼的美事，但只是一小部分精英型创业者的"特权"；而银行的大门虽然敞开着，但有一定的门槛。"急事告贷，典当最快"，典当的主要作用是救急。与作为主流融资渠道的银行贷款相比，典当融资虽只起着拾遗补缺、调余济需的作用，但由于能在短时间内为融资者争取到更多的资金，因而被形象地比喻为"速泡面"，正获得越来越多创业者的青睐。

> 周先生是位通信设备代理商，前段时间争取到了一款品牌新手机的代理权，可是问题在于要在三天内付清货款才能拿货，而他的资金投资在另一个商业项目上，他可不甘心失去这得来不易的代理权。周先生脑子转到了自己的那辆"宝马"车上，于是，他马上开车来到典当行。业务员了解情况后告诉他：当天就可以办理典当拿到资金。周先生大喜过望，立即着手办理典当手续，交纳相关证件、填表、把车开到指定仓库、签合同、领当金。不出半天的工夫，他就拿到了他急需的 50 万元，一个月后来赎当，这笔当金帮他赚了近 10 万元。

六、注册创办企业

创业首要的就是选择合适的创业形式。目前，我国有企业业形式很多，有国有企业、外资企业、有限责任公司、股份有限公司、独资企业、合伙企业等。

公民个人出资设立的企业形式主要是以下三种：有限责任公司、合伙企业和个人独资企业。

（一）个人独资企业

所谓个人独资企业是指依照《中华人民共和国个人独资企业法》在中国境内设立，由一个自然人投资，财产为投资个人所有，投资人以其个人财产对企业债务承担无限责任的经营实体。

对于创业者而言，设立个人独资企业的优势在于：第一，依据我国个人独资企业法的规定，设立个人独资企业没有最低注册资本的要求，且设立条件及程序较之其他形式更为简单。创业者要注意，虽然法律对个人独资企业的最低注册资本无具体要求，但企业的设立、经营、管理必然需要投资者的资金投入。第二，个人独资企业只需以投资人为主体缴纳个人所得税即可，企业无需纳税，大大减轻了投资人的税务负担。

但对于创业者而言，也要明了设立个人独资企业的劣势：首先，投资人的无限责任。当个人独资企业财产不足以清偿其所欠债务时，投资人必须以个人的其他资产承担无限清偿责任。所以，从投资人的责任角度而言，个人独资企业承担的责任较大。其次，个人投资企业还容易发生筹资困难问题。由于个人的财力有限，企业往往会因信用不足、信息不对称而存在筹资障碍，阻碍企业的进一步发展。

（二）合伙企业

合伙企业是指合伙人之间以合同关系为基础的企业组织形式，为了共同的目的，相互约定共同出资、共同经营、共享收益和共担风险。合伙企业分为普通合伙企业和有限合伙企业。所谓普通合伙企业是由普通合伙人组成的。有限合伙企业由普通合伙人和有限合伙人组成，普通合伙人对合伙企业债务承担无限连带责任。合伙人对合伙企业债务承担无限连带责任，有限合伙人以其认缴的出资额为限对合伙企业债务承担责任。

1. 合伙企业的优势

（1）合伙企业也无最低注册资本的限制。同个人独资企业一样，合伙企业法虽对合伙企业无最低资本的要求，但企业的设立、运作、管理等各方面还是需要资金的投入和支持。

（2）较之个人独资企业，合伙人的出资方式更加灵活。除货币、实物、知识产权等一些常见的出资外，经全体合伙人协商一致，普通合伙人还可以提供劳务作为出资方式，具体评估方法由全体合伙人协商一致确定。

（3）新合伙企业法为能人和富人提供了一个共舞的平台。富人有充裕的资金，但是没有时间来经营企业，也不想承担无限责任。而能人有知识、才能，有技术，但苦于没有资金创立企业。而有限合伙企业则为这两类人的合作提供了一个很好的平台。

（4）国家对合伙企业的纳税较优惠。新合伙企业法规定："合伙企业的生产经营所得，按照国家有关税收规定，由合伙人分别缴纳所得税。"这一规定避免了重复纳税，有利于合伙人更好地开办企业。

2. 合伙企业的劣势

（1）普通合伙人的无限连带责任。当合伙企业财产不足以清偿企业债务时，各普通合伙人需承担无限连带责任。但从另一方面来看，正式合伙人的无限连带责任增加了合伙企业的信用，使债权人更愿意与合伙企业合作。

（2）由于合伙企业是典型的合作企业，两个以上的合伙人会使得企业的权力不集中，在进行一些重大决策时过程会冗长，且合伙人之间较易产生分歧，关系也较难处理。

（3）任何一个合伙人的破产、死亡或退货都有可能导致合伙企业的解散，因此合伙企业的存续期不可能很长。

（三）公司企业

我国的公司类型主要有两种：有限责任公司和股份有限公司。有限责任公司，指由 50 人以下股东共同出资，每个股东以其所认缴的出资额对公司承担有限责任。股份有限公司将全部资金分为等额股份，股东以其所持股份金额为限对公司承担责任。与有限责任公司相比较而言，股份有限公司无论是从注册资本还是设立条件、设立程序都比有限责任公司要严格得多，所以大学生创业时应首选的公司形式是有限责任公司。

1. 有限责任公司的优势

（1）公司较之个人独资企业和合伙企业而言，最大的区别就在于其有限性。在我国公司法中，无论是有限责任公司还是股份责任公司，股东承担的均是有限责任。有限责任公司的股东以其出资额为限承担责任。较之个人独资和合伙企业而言，投资人的责任大大减轻了，降低了其投资的风险。

（2）新公司法大大减少了设立公司所需的最低注册资本，有限责任公司的最低注册资本统一规定为 3 万元，并允许分期缴付注册资本，大大降低了设立公司的难度。

（3）新公司法增加了一人有限公司的内容。一人有限公司对于创业者而言，其最大的优势在于降低了其创业的风险。对于有着一些资金想独立创业而又不希望承担无限责任的大学生而言，一人有限公司则是最优选择。但创业者需注意的是，目前新公司法对一人有限责任公司的部分规定仍十分严格，如一人有限公司的最低注册资本至少是 10 万元，且需一次性付清。一人有限公司每一会计年度末都必须编制财务会计报告，并经会计师事务所审计。同时新公司法还规定"一人有限责任公司的股东不能证明公司财产独立于股东自己财产的，应当对公司债务承担连带责任。"这就避免了投资人滥用公司法人独立地位和股东有限责任，逃避债务，严重损害公司债权人利益。

（4）相对于个人独资企业和合伙企业而言，有限责任公司较易筹资，如可以通过借款、发行股票或发行债券进行筹资，更容易取得债权人和金融机构的信任。

2. 有限责任公司形式的弊端

（1）公司的设立条件和程序较之个人独资企业和合伙企业更加严格；如关于最低注册资本要求就可能使许多缺乏资金的创业者望而却步。

（2）在征税方面，公司除需缴纳企业所得税之外，股东还需缴纳个人所得税，公司的税收负担相对较重。

（3）在独资企业、合伙企业中，投资者对企业享有绝对的控制权；而在有限责任公司中，股东并不享有绝对控制权，股东一旦出资即转化为公司的财产，由公司进行统一管理和使用。

（四）如何注册新公司

创办企业的最后一个流程是注册新公司。注册新公司必须在国家和地方相关法律法规的框架下进行。以有限责任公司为例，注册新公司的主要步骤如下。

1. 到工商局申请公司名称

到工商局去领取一张"企业（字号）名称预先核准申请表"，填写你准备去申请的公司名称，由工商局上网（工商局内部网）检索是否有重名，如果没有重名，就可以使用这个名称，会核发一张"企业（字号）名称预先核准通知书"。

2. 选择经营场所

选择经营场所时有两项因素是不可以忽视的，即租金给付的能力和租约的条件。对货品流通迅速、空间要求不大的行业，如精品店、高级时装、餐厅等，可设于高租金区；而对货品流通速度慢、占用空间大的行业，如家具店、旧货店等，最好设在低租金区。

3. 编写"公司章程"

根据创立公司的基本情况，在公司管理、收益分配、股东权限等方面列出具体章程，并经股东充分讨论通过后由全体股东签字。

4. 在银行开立公司验资户

准备公司章程、核名通知、法人代表的私章、身份证、验资资金、空白询证表格等，在银行开立公司账户。

5. 去会计事务所验资

持银行出具的股东缴款单、询证函，以及公司章程、核名通知、房租合同、房产证复印件到会计事务所办理验资报告。

6. 到工商局办理登记手续

包括填写公司登记申请表、股东（发起人）名单、董事经理监理情况、法人代表登记表、指定代表或委托代理人登记表等，申请营业执照。连同核名通知、公司章程、房租合同、房产证复印件、验资报告一并交给工商局。

7. 到刻章部门刻制印章

凭营业执照，到公安局指定的刻章处刻取公章、财务章。

8. 办理企业组织机构代码证

凭营业执照到技术监督局办理企业组织机构代码证。

9. 到银行开基本户

凭营业执照、组织机构代码证，去银行开立基本账号。

10. 办理税务登记

领取执照后，30 日内到当地税务局申请领取税务登记证。一般的公司都需要办理 2 种税务登记证，即国税和地税。

11. 申请领购发票

销售商品的公司到国税申请发票，服务性质的公司到地税申请发票。

总结训练1

根据下面的提示，明确自己的创业目标，并编制一份创业计划书。

（1）你创建自己企业的名称及日期：＿＿＿＿＿＿＿＿＿＿＿＿＿＿＿

（2）企业所有制形式选择：□个体　□有限责任公司　□股份有限公司

（3）你的顾客主要是：□个人　□团体　□公共机关　□其他

（4）你设计的产品和服务是：＿＿＿＿＿＿＿＿＿＿＿＿＿＿＿＿＿＿

（5）五个最主要的竞争对手是：①＿＿＿＿＿＿＿②＿＿＿＿＿＿＿③＿＿
＿＿＿＿＿＿④＿＿＿＿＿＿＿⑤＿＿＿＿＿＿＿＿

（6）竞争可能来自：□其他公司　□技术　□行业人员

（7）你的企业竞争力：□弱　□较弱　□平均水平　□较强　□强

（8）你的产品或服务的需要在递增还是在递减：＿＿＿＿＿＿＿＿＿＿＿

＿＿＿＿＿＿＿＿＿＿＿＿＿＿＿＿＿＿＿＿＿＿＿＿＿＿＿＿＿＿＿＿＿＿

（9）你可能引进的产品或服务是：＿＿＿＿＿＿＿＿＿＿＿＿＿＿＿＿＿

＿＿＿＿＿＿＿＿＿＿＿＿＿＿＿＿＿＿＿＿＿＿＿＿＿＿＿＿＿＿＿＿＿＿

＿＿＿＿＿＿＿＿＿＿＿＿＿＿＿＿＿＿＿＿＿＿＿＿＿＿＿＿＿＿＿＿＿＿

（10）你可能进入的市场是：＿＿＿＿＿＿＿＿＿＿＿＿＿＿＿＿＿＿＿＿

＿＿＿＿＿＿＿＿＿＿＿＿＿＿＿＿＿＿＿＿＿＿＿＿＿＿＿＿＿＿＿＿＿＿

＿＿＿＿＿＿＿＿＿＿＿＿＿＿＿＿＿＿＿＿＿＿＿＿＿＿＿＿＿＿＿＿＿＿

（11）你的企业与众不同的是：＿＿＿＿＿＿＿＿＿＿＿＿＿＿＿＿＿＿＿

＿＿＿＿＿＿＿＿＿＿＿＿＿＿＿＿＿＿＿＿＿＿＿＿＿＿＿＿＿＿＿＿＿＿

＿＿＿＿＿＿＿＿＿＿＿＿＿＿＿＿＿＿＿＿＿＿＿＿＿＿＿＿＿＿＿＿＿＿

（12）你的企业最大的营销障碍是：＿＿＿＿＿＿＿＿＿＿＿＿＿＿＿＿＿

（13）你的企业最大的营销机会是：＿＿＿＿＿．

（14）你的总体经营目标和增长计划是：＿＿＿＿＿＿＿＿＿＿

总结训练2

选择你最容易接触或观察的一家商铺，跟踪观察一段时间，主要观察客流量、消费者结构、消费品类型，从而估计它的销售额，对其进行分析后，你可以与老板进行一次访谈，看看你的观察是否与之相符。听听老板的感受，以下是你可以提问的参考问题：

（1）请问您做过哪些行业？＿＿＿＿＿＿＿＿＿＿＿

（2）您是怎样进入现在这个行业的？＿＿＿＿＿＿＿＿＿

（3）您的第一桶金是如何获得的？_____

_____

_____

_____

（4）在您经营的过程中，您认为最重要的因素是什么？_____

_____

_____

_____

（5）您认为经营者需要什么样的素质和能力？_____

_____

_____

_____

（6）您遇到的最大的困难是什么？_____

_____

_____

_____

专家提示

　　李嘉诚曾经说过：30岁之前靠劳动赚钱，30岁之后靠人脉赚钱。一个刚刚踏入社会的大学生，如何从无到有地去积累人脉，并且运用人脉去创业、去发展，这是一个非常有趣的课题。一切都要靠你用心去体会。

训练十五 创业企业管理

  案例分享

来自美国的故事

在美国一个农村，住着一个老头，他有三个儿子。大儿子、二儿子都在城里工作，小儿子和他一起在农场工作。

突然有一天，一个人找到老头，对他说："尊敬的老人家，我想把你的小儿子带到城里去工作。"

老头说："不行，绝对不行！"

这个人说："如果我在城里给你的儿子找个对象，可以吗？"

老头摇摇头："不行！"

这个人又说："如果我给你儿子找的对象，也就是你未来的儿媳妇是洛克菲勒的女儿呢？"

老头想了又想，终于被儿子当上洛克菲勒的女婿这件事打动了。

过了几天，这个人找到了美国首富石油大王洛克菲勒，对他说："尊敬的洛克菲勒先生，我想给你的女儿找个对象。"

洛克菲勒说："对不起，我没有时间考虑这件事情。"

这个人又说："如果我给你女儿找的对象，也就是你未来的女婿是世界银行的副总裁，可以吗？"

洛克菲勒被女儿嫁给世界银行的副总裁这件事打动了。

又过了几天，这个人找到了世界银行总裁，对他说："尊敬的总裁先生，你应该马上任命一个副总裁！"

总裁先生说："不可能，这里这么多副总裁，我为什么还要任命一个副总裁呢，而且必须马上？"

这个人说："如果你任命的这个副总裁是洛克菲勒的女婿呢？"

于是，总裁先生同意任命一个副总裁，而且是洛克菲勒的女婿。

 案例讨论

从这个故事中，你联想到了什么？

拓展练习

以下 15 道题，表示"肯定"的计 1 分，表示"否定"的计 0 分。做完后将总分与结果对照。（不要提前看结果！）

(1) 你习惯于行动之前制订计划吗？

(2) 你经常处于效率上的考虑而更改计划吗？

(3) 你能经常收集他人的各种反映吗？

(4) 实现目标是你解决问题的继续吗？

(5) 你临睡前思考筹划明天要做的事情吗？

(6) 你事务上的联系、指令常常一丝不苟吗？

(7) 你有经常记录自己行动的习惯吗？

(8) 你能严格制约自己的行动吗？

(9) 无论何时何地，你都能有目的的行动吗？

(10) 你能经常思考对策，扫除实现目标中的障碍吗？

(11) 你能每天检查自己当天的行动效率吗？

(12) 你经常严格查对预定目标和实际成效吗？

(13) 你对工作的成果非常敏感吗？

(14) 今天预先安排的工作你决不拖到明天吗？

(15) 你习惯在掌握有关信息的基础上制定目标和计划吗？

测验结果：

检验结果分析：

0～5 分：管理能力很差。但你具有较高的艺术创造力，适合从事与艺术有关的具体工作。

6～9 分：管理能力较差。这可能与你言行自由，不服约束有关。

10～12分：管理能力一般，对你的专业方面的事物性管理尚可，管理方法经常受到情绪的干扰是最大的遗憾。

13～14分：管理能力较强。能稳重、扎实地做好工作，很少出现意外或有损组织发展的失误。

15分：管理能力很强。擅长有计划的工作和学习，尤其适合管理公司。

 理论认知

一、创业营销管理

营销是个人和集体通过创造并同他人交换产品和价值，以满足需求和欲望的一种社会和管理过程。营销存在于任何一个市场。根据美国市场营销协会的定义：市场营销是关于构思、商品和服务的设计、定价、促销和分销的规划与实施过程，目的是创造能实现个人和组织目标的交换。该定义不仅指出营销是一个包括分析、计划、执行和控制的过程，营销的产品覆盖商品、服务和创意；同时也指出营销应建立在交换的基础上，营销的目标是使营销有关各方都达到满意。

1964年美国市场营销学家伊·杰罗姆·麦卡锡教授第一次提出了著名的"4P"营销组合经典模型，即：产品、价格、渠道、促销，将营销管理精简为4P组合管理，这不仅高度概括了营销管理这一错综复杂的经济现象，同时，把企业营销过程中可以控制的因素概括成四大因素，简明清晰，易于掌握。

（一）产品决策

产品决策是企业根据市场预测结果，在企业经营战略的指导下，结合企业自身的具体条件，确定在未来一段的时间里以什么样的产品（产品组合）满足目标市场需求及推出该产品的过程。产品是为了满足顾客的需要。为此，企业必须在产品种类、质量标准、产品特性、产品品牌、包装设计以及维修、安装、退货、指导使用、产品担保等方面进行产品决策。

产品决策在企业营销组合决策中占有十分重要的地位，因为企业的市场营销活动以满足市场需求为核心，而市场需求的满足只能通过提供某种产品或服务来实现。因此，任何企业在制定营销策略时，首先需要回答的问题是用什么样的产品来使企业与目标市场发生联系，继而再进行营销组合中的其他三项决策。也就是说，没有适合市场需要和具有竞争力的产品，企业的其他营销决策就无从谈起，从这个意义上说，产品决策是整个营销组合策略的核心。

1. 产品整体概念

现代市场营销通常要求树立产品整体概念，产品整体概念包含五个层次的内涵。

（1）核心产品是产品整体概念中最基本和最实质的层次，它是产品提供给客户的基本效用和利益，是顾客需求的中心内容。

（2）形式产品是核心产品借以实现的形式，即呈现在市场上的产品的具体形态或外在表现形式，主要包括产品的款式、质量、特色、品牌、包装等。

（3）期望产品是指顾客在购买产品时得到的与产品密切相关的一整套属性和条件，是实现顾客满意的基础。

（4）延伸产品是指顾客因购买产品所得到的全部附加服务与利益，包括保证、咨询、送货、安装、维修等。延伸或附加产品给顾客带来更多的利益和更大的满足。

（5）潜在产品是指现有产品包括所有附属产品在内的、可发展成为未来最终产品的潜在状态的产品，它指出了现有产品的演变趋势和前景。

产品整体概念使企业对产品的认识不是局限在产品特定的物质形态和具体用途上，而是归结为消费者需求的实际利益与满足。产品整体概念不仅清晰地体现了以顾客为中心的现代营销观念，同时对企业不断开发产品、优化服务、提高产品的市场竞争能力具有重要意义。

2. 产品组合

产品组合是指企业提供给市场的全部产品线和产品项目的组合或结构，即企业的经营范围和结构。

产品组合一般是由若干条产品线组成的，每条产品线又是由若干个产品项目构成的。产品线又称为产品品类，是指密切相关的满足同类需求的一组产品；产品项目是指因性能、规格、商标、款式等不同而区别于企业其他产品的任何产品，也就是在企业产品目录上列出的每一个产品。例如，某摄影公司经营照相机、摄影器材、冲洗药品等，其中照相机是一条产品线或一个产品品类；在这个品类中，海鸥 DF 相机便是产品项目。

对产品组合的衡量，一般用宽度、长度、深度和关联度等概念。产品组合的宽度或广度是指企业所拥有的产品线的数量。例如，宝洁公司向市场提供洗涤剂、牙膏、香皂、除臭剂、果汁、润肤液和洗发水七大类产品，其产品组合的宽度就是 7；产品组合的长度是指一个企业的产品组合中所包含的产品项目的总数，如宝洁公司的产品组合中共有产品项目 31 个，其产品组合的长度就是 31；产品组合的深度是指产品大类中每种产品有多少花色品种规格。例如，宝洁公司的浪峰牌牙膏，假设有三种规格和两种配方，则浪峰牌牙膏的深度为 6；产品组合的关联度是指各产品线的产品在最终用途、生产条件、销售渠道或其他方面联系的紧密程度。

产品组合状况直接关系到企业销售额和利润水平，企业必须对现行产品组合的各项指标作出系统的分析和评价，并根据企业经营目标、客观条件、决策是否扩大或缩减现有产品组合，使产品组合始终保持在最优状态。

3. 品牌决策

品牌是用以识别某个销售者或某销售者的产品或服务，并使之与竞争对手的产品或服务区别开来的商业名称及其标志，通常由文字、标记、符号、图案和颜色等要素或这些要素的组合构成。

品牌是产品不可分割的重要组成部分，包括品牌名称和品牌标志。品牌名称是指品牌中可以用语言称谓表达的部分；品牌标志是指品牌中可以被识别、认识，但不能用语言称谓表达的部分，如独特的符号、图案、色彩或文字造型等。

品牌的功能是区分不同企业的同类产品，而在现代市场营销中，其作用意义又远远超过了这一点。企业产品是否使用品牌？是使用制造商品牌还是使用经销商品牌？是使用个别品牌还是使用统一品牌？如何在新产品上进行品牌扩展？这些决策构成了企业品牌决策的基本内容。

4. 包装决策

包装，既可指承装商品的容器，也可指把产品装入包装物中的行为，还可指对产品的包装物进行设计的管理活动。

在现代市场营销中，包装的功能和作用越来越大，主要体现在保护产品、方便储运、促进销售和增加赢利等方面。

包装策略的重要组成部分，主要有类似包装、配套包装、再使用包装、等级包装、附赠品包装和更新包装等策略。

（二）价格决策

价格是市场营销组合中非常重要并且独具特色的组成部分。价格通常是影响商品交易成败的关键因素，同时又是市场营销组合中最灵活的因素。定价的重要意义在于使价格成为促进产品销售的最有效手段。

1. 定价目标

定价的目标是指企业通过特定水平的价格制定或调整，所要达到的预期目的。定价目标是企业市场营销目标体系中的具体目标之一，它的确定必须服从于企业营销总目标，同时也要与其他营销目标（如促销目标）相协调。

概括起来，企业的定价目标大致有以下几种：追求赢利最大化；追求短期利润最大化；实现预期的投资回报率；提高市场占有率；实现销售增长率；适应价格竞争；维持生存；稳定价格；维护企业形象等。

2. 定价需要考虑的因素

企业定价时，除了要考虑企业的定价目标之外，还应考虑其他影响因素。

1）行业结构因素

在完全竞争的条件下，产品价格由市场决定，买卖双方对价格都没有决定权，只能按照由市场供求关系决定的市场价格来买卖商品。

在垄断竞争条件下，制造商定价往往利用心理因素，通过强调本企业产品的与众不同使消费者接受其价格。

在寡头垄断竞争条件下，产品定价应考虑竞争者价格的影响。

在纯粹垄断条件下，如政府垄断、私人垄断，卖主完全控制市场，它可以在法律允许范围内随意定价。

2）产品定位因素

每个企业都应根据总体营销目标而对其产品进行市场定位，同时产品定位又会影响企业产品价格制定，也就是说，定价应当体现产品的市场定位策略。

3）市场需求因素

市场需求是影响定价的重要因素，通常市场需求大于供给的产品可以适当定高价。

4）市场竞争因素

竞争因素对定价的影响主要表现为竞争价格对产品价格水平的约束。

5）产品成本因素

产品成本是影响产品价格的又一重要因素，通常情况下，产品成本决定了产品价格的下限。

此外，产品价格决策还受其他一些因素的影响，比如政府政策等。

（三）渠道决策

1. 分销渠道概念

分销渠道，简称渠道，是指产品从制造商转至消费者所经过的各中间商连接起来形成的通道，它由位于起点的生产者和位于终点的消费者，以及位于两者之间的中间商组成。

2. 分销渠道的功能

分销渠道的基本功能是实现商品从生产者到消费者的转移，具体而言，有以下几种主要功能：

（1）调研：收集和传递有关顾客、竞争者及其他营销信息；

（2）寻求：寻求潜在顾客，针对不同细分市场的特点开展营销活动；

（3）洽谈：达成有关产品的价格和其他条件的最终协议，实现所有权转移；

（4）物流：组织供应品的运输和储备；

（5）融资：即为补偿渠道工作的成本费用而对资金的取得与使用；

（6）风险：在执行渠道任务过程中承担有关风险。

3. 分销渠道的流程

渠道流程是指渠道成员一次执行的一系列功能，是描述各成员的活动或业务的概念。图 5-1 展示了九种广义的渠道流程，这些流程将所有的渠道成员贯穿联系起来。按照产品（服务）从生产者到消费者（用户）的流向，实物流程、所有权流程和促销流程是前向流程，在渠道中依次从制造商流向批发商、零售商和顾客。订货流程、支付流程是后向流程，分别由渠道中的后一成员流向前一成员。洽谈流程、融资流程、风险流程和市场信息流程则是双向流程，互相发生在渠道每两个交易成员之间。

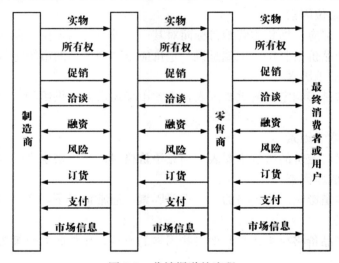

图 5-1　分销渠道的流程

4. 分销渠道的模式

分销渠道的模式是多种多样的，既可以直接销给顾客，也可以经过中间商转售；既可以稍缓解，也可以多层次。但企业产品的绝大多数是通过中间商转卖给消费者的。所谓中间商是指在生产者与消费者之间，参与商品交易业务，促使买卖行为发生和实现的具有法人资格的经济组织或个人。按是否拥有商品所有权可以分为经销商和代理商；按其在流通过程中所起的作用又可分为批发商和零售商。

1）直接渠道策略和间接渠道策略

直接渠道是指生产者不采用中间商，而将产品直接供给消费者或用户；而间接渠道是指生产者利用中间商销售自己的产品，即在生产者和消费者之间有中间商的介入。

2）长渠道策略和短渠道策略

在间接渠道模式中，中间商环节在两个以上的称为长渠道，如生产者—代理者—批发商—零售商—消费者；短渠道是指生产者直接向消费者，或仅通过一个中间商向消费者销售产品，如生产者—零售商—消费者。

3）宽渠道策略和窄渠道策略

宽渠道是指生产者同时选择多个同层次中间商销售本企业产品；而窄渠道是指生产者在一定时间一定区域内，只选择一家或少数几家中间商销售企业的产品。

4）多渠道策略和单一渠道策略

一般而言，对于生产生产资料的企业而言，由于其购买者数量少、购买的批量大、涉及的金额多、间隔时间长等因素，适合建立直接、短、窄及单一的渠道；而对于生产生活资料的企业来说，由于其购买人数较多、购买间隔短、购买人群分散等因素，适合使用间接、相对较长、宽及多渠道策略。

5. 有效设计分销渠道

有效的渠道设计基于对市场、产品、生产商以及竞争等因素的全面分析。通常来说，这些因素不仅非常重要而且相互关联，它们共同决定了到达目标市场的最佳途径。

1）市场因素

产品是面向消费者市场还是工业市场，是渠道设计需要考虑的首要因素。工业购买者一般直接与制造商交易，但是大多数消费者从零售商店购买产品，此外用户的地理分布，也会影响渠道设计。如果企业的市场集中，就可以使用直接渠道；反之，如果消费者遍及各地，在地理上分散，就应该借助批发商、零售商等中间商销售产品。

2）产品因素

产品特点是影响渠道设计的又一重要因素。易变质的产品为了避免拖延，常常使用短渠道销售；标准化的产品通常通过中间商销往市场；非标准化的产品通常由企业推销员直接销售；需要安装、维修的产品通常由企业自己或企业授权的特许经销商销售和维护。

3）生产商因素

企业的总体规模、财务能力、产品组合、渠道经验、营销政策等也会影响渠道的设计。短渠道需要很多的营销人员，如戴尔的营销人员的数量和比例都很大，小企业没有这样的能力，一般利用中间商销售自己的产品。

（四）促销决策

促销是促进产品销售的简称，是通过人员和非人员的方式，沟通企业与消费者之间的信息，引发、刺激消费者的消费欲望和兴趣，使其产生购买行为的活动。其本质是在企业和顾客之间沟通信息，因此也可称为沟通策略。广告和人员推销是促销策略的主要内容。

1. 广告

广告是一种主要的促销方式，它是以促进销售为目的，由企业支付费用并通过特定的媒体传播商品或劳务等有关经济信息的大众传播活动。广告具有多种形式，不同形式与内容的广告可以达到不同的效果和目标。

广告决策是企业在总体营销战略指导下，对企业的广告活动进行一系列的规划与控制。广告决策的过程包括五个步骤：确定广告目标、制作广告预算、广告信息决策、广告媒体决策和广告效果评价。有效的广告决策是企业传播信息，提高产品或企业知名度，建立消费者偏好和忠诚度，进而扩大市场占有率的有效方法与途径。

2. 人员推销

人员推销是企业运用推销人员直接向顾客推销商品和劳务的一种促销活动。人员推销决策在内容上大体可分为两类：即战略决策和管理决策。战略决策主要包括销售组织的设计、销售队伍的确定、销售区域的选择、访问计划和销售政策的制度等决策；管理决策主要包括对销售人员的招聘、甄选、培训、激励、考评和控制等决策。

此外，企业还应该考虑设计公共关系决策和销售促进决策。

（五）创业企业营销战略选择

1. "空白领域"营销战略

大企业为了获得超额利润，追求规模经济效益，一般采用少品种大批量的生产方式。这就为创业企业留下了很多大企业难以涉足的"狭缝地带"，即"空白领域"，给创业企业提供了自然发展空间。

一般来说，常见的"空白领域"产品具有如下特点：

（1）规模较小，对大企业来说，生产价值不大；

（2）大企业认为信誉风险大；

（3）属于多品种、小批量生产方式；

（4）小批量特殊专用。

因此，创业企业在创业之初，应随时注意和寻找这样的空白领域，并根据自身的特点有选择的进入。一方面，可以避免自身资金少，实力弱的劣势而获得进入该领域的先占优势；另一方面，又能避开与大企业的正面冲突，充分发挥自身的优势，发展壮大自己。

2. "专门化"营销战略

许多创业企业的失败，往往是因为选择了与较大企业相同的战略基点，在直接对抗中由于实力不敌，陷入困境。若是选择大企业不感兴趣的"利基"市场，并为之提供专门化服务，创业企业不仅可以生存，而且能够得到较好发展。

"专门化"营销战略主要有以下几种类型：

第一，产品类型专门化。即企业集中力量于一个产品系列、一种产品或某种产品特色的生产和经营上。

第二，顾客类型专门化。即企业只为某种类型的顾客提供所需的一种或多种产品与服务。

第三，地理区域专门化。即企业将其产品销售范围集中在某一个地方或区域。

创业企业在运用专门化战略时，应进行周密的市场调研和分析，通过市场细分，寻找能够发挥自身创业优势的专门化市场。这些市场一般具有如下特点：被较大的竞争者所忽视或放弃；有与创业企业实力相称的市场规模和购买力；创业企业拥有经营该分市场的条件，能够有效提供服务；能够依靠所建立的顾客信誉，保卫自身地位，对抗较大企业攻击。

3. "生存互补"营销战略

这是根据创业企业力量单薄、产品单一的特点而制定的一种营销战略。大企业为了获得规模经济效益，必然要摆脱"大而全"的生产体制，求助于社会分工与协作，这在客观上增加了大企业对小企业的依赖性，进而为创业企业的生存与发展提供了可靠的基础。创业企业在决定自己的生产方向时，不是着力于开发新产品，而是接受一个或几个大企业的长期固定的订货，与大企业建立紧密的分工协作关系。这就是所谓的"生存互补"营销战略。

因此，创业企业一定要考虑大企业发展的趋势和要求，以"生存互补"领域为起点，走专业化发展道路，由小到大，由初级到高级，逐步积蓄力量，不断成长壮大。例如，杭州万向节厂就是成功运用"生存互补"战略，趁国内汽车万向节生产之虚，利用自己的专长由一个乡镇企业发展成为国内最大的专业生产万向节的生产企业。

4. "专之生存"营销战略

创业企业在生产经营过程中，通过技术开发和工艺创新，可以取得具有新颖性、先进性、实用性很强的技术发明成果或设计出新结构、新式样的新产品。这些不仅可以作为创业企业开拓细分市场，满足新的社会需求，降低生产成本，扩大产品差异化的手段，而且还可以增强创业企业的竞争优势。但是，大企业比创业企业具有更强的科研能力、商品化能力和市场控制能力。创业企业的"专知"一旦被模仿就会因知识价值的提前下降而被挤出市场。所以，创业企业应注重产权保护，通过法律手段，维护自己"专知"产品的专有权或垄断权，以赢得相对平稳的发展空间。

5. 满足潜在需求的开发战略

在现实生活中，总有一些只得到局部满足或者未被满足的社会需求，这样的需求称为潜在需求。潜在需求一方面取决于消费者对产品的需求，另一方面又取决于企业能否生产出必要的产品去创造和引导需求。因此，创业企业在进行深入的市场调研和分析后，一旦发现前景良好的潜在需求，就应着手做好开发、生产、销售和管理工作，并提高后来者的进入障碍，延长自己垄断这一市场的时间，以取得更多的经济效益。

6. "满足服务"营销战略

企业在创业之初，其营销活动可以触及市场竞争的各个层面。企业既可以根据自身的特点，通过提供特殊的售前、售中或售后的"满足服务"，来扩大自己的经营范围，也可以针对大企业售后服务不到位的现象，提供全方位的"满足服务"。比如，创业企业可以根据自身优势，在大企业服务网难以触及的市场区域内建立具有相对优势的服务网，为自己创造出一个发展空间。

二、创业企业财务管理

创业企业和其他企业一样，目标是生存、发展和获利，财务管理的目标在于谋求企业价值最大化。具体讲就是，不断降低资金成本和财务风险；提高投资报酬；降低投资风险；加速资金周转；合理分配收益。财务管理的内容涉及财务活动和财务关系两个方面。财务管理应始终处于企业管理核心地位。但企业创业团队往往由一些工程技术人员组成，整体缺乏财务管理方面的知识和经验，常常露出一些问题。

1. 筹资管理

初创阶段的企业要想求生存、谋发展，必须要获得充足的资金支持。筹资管理要解决以何种形式、何种渠道、什么时机筹集经营所需资金的问题，重点把握各种资金的结构、资金成本等问题。

创业投资是创业期企业主要的资金来源，吸引风险投资是创业期企业主要筹资渠道，创业者应注意寻找适合自己的风险投资商。一般来说，大企业及其所属的风险投资机构等战略投资者，通常能为创业提供一些技术支持，甚至是共享其已有的宝贵客户资源，如 360 安全卫士借助卡巴斯基迅速崛起；而纯粹的风险投资公司有良好的培育创业企业的经验和声誉，有广泛的网络关系，能够及时发现创业企业成长的问题，并帮助其解决这些问题；投资银行则能够帮助企业改善管理，为企业发行股票并上市、实现更大范围的融资提供市场运作的专业服务。

2. 投资管理

投资管理要解决做什么？（投资方向）做多少？（投资金额）何时做？（投资时机）怎么做？（资金来源与运作）等问题。由于企业在创始阶段需要大量的资金，而且市场具有很大的不确定性，因此这个阶段要处理好投资所面临的风险和收益问题。建立投资的可行性分析制度，在充分收集信息的基础上，进行深入细致的市场调查和充分的可行性研究，用审慎的研究评估，科学预测企业的投资和可能出现的风险，事先防范，将投资风险降到最低。创业期企业一般采用集中化投资战略，利用有限资金投资于某个特定市场，最大限度发挥资金使用效率。

3. 营运资金管理

营运资金管理是财务管理活动的重要环节。按月编制营运资金分析表可以有效地控制营运资金。企业可通过下面公式实施营运资金的动态管理。

资金获得量—资金占用量＝营运资金不足量

发现营运资金不足时，应立即采取相应的措施来弥补。

4. 利润分配

企业进行股利分配时，要从企业战略的角度出发，根据企业自身的情况选择适宜的股利分配政策，使股利分配既能满足企业发展的需要，又能满足投资者的需要。股利分配关系到企业战略资金能否得到有效的保障，因为股利发放的多少决定着企业内部资金来源的多寡，关系到企业财务战略的成败。

初创期企业收益水平低且现金流量不稳定，因此低股利政策或零股利政策往往是较明智的选择。

5. 财务控制

要解决创业期企业财务管理上存在的问题，完善内部控制成为创业期企业财务管理的基础工作，只有完善内部控制才能发挥财务管理的应有职能，实现财务管理的目标。

创业期企业在加强财务控制的过程中，应该重视以下几个方面：

（1）学习必要的财务知识，聘请专业的财务人员，加强财务部门的力量。

（2）保持会计记录的准确完整。建立必要的会计制度，加强对员工的专业培训和后续教育，防止出现会计记录混乱、错误或不完整，这是财务管理其他职能发挥的最基本前提。

（3）建立健全职务分离制度。对于记账、出纳、保管等不相容职务实行分离，应尽量由不同人员担任，避免一个人从头到尾处理一项业务，减少错误和舞弊出现的可能性。根据分工原则，尽量将不同功能的工作由不同的人来完成。

（4）避免任人唯亲。特定的亲属关系会弱化企业内部的互相制约关系，使内部控制制度的作用得不到充分发挥。任人唯亲容易产生不公平现象，影响企业的整体激励制度，有时还存在着难以管理的问题。

（5）建立完善的资产管理制度，合理保证资产的安全与完整。首先，要建立健全财产物资购销的内控制度，在物资采购、领用、销售，以及样品管理上建立合适的操作程序，从制度上保证操作规范，堵住漏洞，维护安全。其次，做到不相容职责分离。资产管理和凭证记录一定要分开，形成有力的内部牵制。再次，要建立实物资产的盘存制度，现金营运资金管理策略。

 深度阅读

财务报表主要包括资产负债表、损益表（或利润及利润分配表）、现金流量表及财务状况变动表等。

1. 资产负债表

资产负债表是反映企业某一特定时期财务状况的会计报表，是静态会计报表。它反映的是企业资产、负债和所有者权益之间的相互关系。资产负债表由资产和负债两个部分组成，每个部分各项目的排列一般以流动性的高低为序。资产部分表示公司所拥有的或所掌握的，以及其他公司所欠的各种资源或财产；负债部分包括负债和股东权益两项。负债表示公司所应支付的所有债务；股东权益表示公司的净值，即在清偿各种债务以后，公司股东所拥有的资产价值。

2. 损益表

损益表又称利润及利润分配表，是反映企业一定时期内生产经营成果的会计报表。损益表把一定时期的营业收入与其同一会计时期相关的营业费用进行配比，以计算出企业一定时期的净利润（或净亏损）。对投资者了解、分析上市公司的实力和前景具有重要的意义。

损益表由三个主要部分构成。第一部分是营业收入；第二部分是与营业收入相关的生产性费用（与营业收入相关的生产性费用＝销售费用＋其他费用）；第三部分是利润。

3. 现金流量表

现金流量表反映公司一定时期内有关现金和现金等价物的流入流出的信息，并以现金的流入和流出反映企业一定时期内的经营活动、投资活动和筹资活动的动态情况。

4. 财务状况变动表

财务状况变动表是反映公司一定时期内运用资金（或现金）的变动及其原因，即资金的来源及其用途的报表，亦即筹资和投资的活动及其方针的总括性的动态报表。简言之，它是通过资金变动来反映公司会计期间筹资和投资活动的全部概况的。

三、创业团队管理

团队在创业过程中具有重要的意义。美国的一项研究表明，83.3％的高成长企业是由团队建立的，团队创业型企业的成长性明显优于独自创业型企业。

所谓创业团队是指在创业初期（包括企业成立期和成立早期），由一群才能互补、责任共担、愿为共同的创业目标而奋斗的人所组成的特殊群体。一般而言，创业团队由四大要素组成：

第一，目标。目标是将人们的努力凝聚起来的重要因素，从本质上来说，创业团队的根本目标都在于创造新价值。

第二，人员。任何计划的实施最终还是要落实到人的身上去。人作为知识的**载体**，所拥有的知识对创业团队的贡献程度将决定企业在市场中的命运。

第三，团队。成员的角色分配，即明确个人在新创企业中担任的职务和承担的责任。

第四，创业计划。即制定成员在不同阶段分别要做哪些工作以及怎样做的指导计划。

创业团队的形成有两种模式："领袖企业家"推动和"团队"推动。第一种模式，往往是一个人首先有了一个事业设想或创业的渴望，进而吸引、招募其他人加入进来组成创业团队；第二种模式，一般是从一开始创业团队就成立起来，进而团队共同寻求事业机会，这样的团队组建可能源于共同的观念、相似的经历或者友情关系。

（一）优秀创业团队的特点

1. 共同的创业理念

创业理念决定着创业团队的性质、宗旨和任何获取创业的回报，并且关系到创业的目标和行为准则。这些准则指导着团队成员如何工作和如何取得成功。从某种意义上讲，创业理念甚至比机会、创业计划、融资等细节问题更为重要。共同的创业理念是组建团队的一个基本准则。许多拥有杰出的技术或者其他相关的技能以及良好教育背景的人在一起创业，往往由于缺乏共同的创业理念，成为高度个人主义竞争的牺牲品。他们的极端个人主义与团队的一致性格格不入，最终将导致创业的失败。实践表明，能够促使团队成功的理念和态度并无定式，但却具备一些共同点。这些理念是：凝聚力、合作精神、完整性、立足长远目标、收获的观念、致力于价值创造、平等中的不平等、公正性、共同分享收获。

2. 团队成员的互补关系

互补性是指团队成员在思维方式、成员风格、专业技能、创业角色等方面的互补。团队成员之间可以有一定的交叉，但又要尽量避免过多的重叠。团队成员可能是某一方面的专家，但不可能样样精通，有必要利用其他成员或外部资源来弥补。

一个优秀的创业团队必须包括以下几种人：一个具备高超领导艺术的人，这个人可以决定公司未来的发展方向，用正确的方法激励所有人共同努力实现一个合适的目标，这个人相当于公司战略决策者或公司的带头人；一个拓展能力强的人，它具有产品的销售、融资等方面的拓展能力；一个具有专业管理水平的人，一个企业光有理想没有管理水平就无法控制成本；一个研发能力强的人，特别是对高科技企业来说更是如此。当然，创业团队并非一蹴而就，往往是在新企业发展过程中才逐渐孕育形成完美组合的。

3. 团队利益第一

团队成员能够同甘共苦，每一位成员都将团队利益置于个人利益之上。他们认识到个人利益是建立在团队利益基础上的，因此团队中没有个人英雄主义，每一位成员的价值，体现在其对于团队整体价值的贡献。另外，团队成员愿意牺牲短期利益来换取长期利益，比如团队成员不计较短期薪资、福利、津贴，而将创业目标放在成功后的利益分享。

4. 合理的股权分配

平均主义并非合理，团队成员的股权分配不一定要均等，但需要合理、透明与公开。通常核心创业者拥有较多的股权，但只要与他们所创造的价值、贡献相匹配，就是一种合理的股权分配。创业之初的股权分配与以后创业过程中的贡献往往不一致，因此会发生某些具有突出贡献的团队成员，拥有股权数较少，贡献与报酬不一致的现象。因此，好的创业团队需要有一套公平弹性的利益分配机制，来弥补上述不公平的现象。例如，新企业可以保留一定百分比的盈余或股权，用来奖赏以后有显著贡献的创业人员。

5. 对企业的长期承诺

对于企业经营成功给予长期的承诺，每一位成员均了解企业在成功之前将会面临严峻的挑战，因此承诺不会因为一时利益或困难而退出，并同意将股权集中管理，如有特殊原因而提前退出团队者，必须以票面价值将股权出售给原公司创业团队。

6. 团队成员有良好的沟通

团队的形成可能是基于地缘、血缘、学缘、业缘或共同的兴趣，形成团队的成员可能是同乡、亲属、同学、同事关系等。因此，团队成员在创业初期，大多能够齐心协力，精诚团结，为企业的发展贡献自己的力量。但随着企业的发展，各种矛盾、各种难题不断出现，在处理这些问题时，团队成员自然有不同的观点。如果成员之间不能很好地沟通以形成统一的意见，那么事后难免相互埋怨。相互间的矛盾会随着时间的增长越来越大，最后可能导致团队的分裂。而优秀的团队并不回避不同的意见，而是进行充分的沟通和交流，最后形成一致意见。因为大家是基于共同的利益，不是谋取个人利益，所以能够畅所欲言，坦诚相见。

（二）如何发展高效能的团队

团队管理的最终目的就是为了实现团队整体绩效的提升，那么高效能团队从何而来呢？

1. 构建统一价值观

要想发挥团队核心力量，打造一支高效能的团队，就必须在团队中建立统一的价值观，也就是具体凝结为团队中的理念和团队精神，实现价值共守、精神共同、情感共流、命运共担。让团队中的每一位成员清楚明确团队这些价值观对每个人的影响，从而发挥团队成员的协作力量。

2. 选择合适成员

任何团队都是由个体成员构成的，然而不是所有个体都适合成为团队成员。因为团队是有目标的，与目标相悖个体的存在将极大地降低团队的效能。因此，在团队建立初期、发展过程中一直存在着团队成员的选择问题。

在团队的发展过程中，团队领导者必须以严谨的态度去挑选每一名候选人，并从中选拔出最具潜力的人才。对于人才的选择，团队所看重的应不仅是其受教育背景、综合素质，还要考虑候选人所具备的对团队所从事的事业的热忱度、新知识的学习能力和一定的逻辑分析能力，同时候选人的个人性格的开放性与协作性也是受考察的重点指标。工作技巧可以培养，工作经验可以积累，但是一个人的性格却无法被轻易改变。即使某些成员有出色的工作技能，如果他们缺乏责任心与团队精神，那么这样的员工聚在一起也很难构建一支真正具有战斗力的优秀团队。

团队成员的初选固然很重要，团队成员在团队运行过程中的优胜劣汰也同样重要。随着团队的成长，有的团队成员变得已经无法成为团队发展的推动力量了，为了保住团队的效能，这时就不得不将他们淘汰掉。这些成员有些是因为其能力，更多的是因为他们的态度、信念等而被淘汰。

3. 提升个体效能

在选择到合适的人、确立了团队规则后，公司最主要的工作就是提升团队成员的个体效能。这包括两个方面工作：最充分的激发每一个人的才能；从能力与态度两个方面提升团队成员，尽量不使一个成员掉队。

不论多大的团队，如果团队无法使它的成员感受到在团队目标的实现过程中自身物质与精神目标的实现，是很难想象他能全力以赴的为组织目标而奋斗。激励的方式很多，如给业绩突出的成员以经济回报；给有能力的人提供发展空间；以一种积极、充满斗志的企业文化激励每一名员工发挥自己最大的潜力；不惜破格提拔人才；重点关注 20％最优秀的人才，让他们发挥领头羊的影响效用等。总之，要使整个团队形成生机勃勃的前进气氛，就必须建立团队成员激励回报体系。

然而，仅仅是激励并不能完全提升团队成员的个体效能。随着时间的推移，一方面，团队成员的能力可能存在过失或退化；另一方面，团队成员的个人目标可能变得不适合实现组织的目标。因此，在团队中总有人因为无法跟上组织发展的步伐而被淘汰。不过，对于团队的发展而言，成员的淘汰对组织也是一种伤害。与其淘汰成员，同时使组织受到损害，不如帮助面临被淘汰的成员提升其个人效能。因此，优秀的团队需要随时对其成员进行全方位的培养。

团队在人才培养上应该形成严密有序的人才梯队，这也是构建优秀团队的重要策略。从一线员工、主管、经理到总监，优秀团队在每一个管理层上，都有相应的人才培训及接班计划，保证了每一个团队的组建都有可持续发展潜力，不会出现人才断层现象，以发挥出最大的人才效能。同时，团队应该在内部推动形成人文关怀的氛围，使每一个员工都有被关注、受信任的温暖感觉，努力促使组织的目标与个人的目标相结合，最大限度地激发员工的潜力，同时使整个企业保持一种学习型组织的上进姿态，团体的竞争力也就是在这种氛围中逐渐形成的。

4. 激励团队士气

团队的高效能不仅来自于共同认可的价值观，更重要的是需要团队成员用一种正确的态度去对待。而如何使团队成员达成这种能够独立高效能地完成工作目标，也使团队间的凝聚力得到强化，激励团队的士气就是一种最有效的手段。

四、创业企业文化管理

企业文化是指在一定的社会经济条件下通过社会实践所形成的，并为全体成员遵循的共同意识、价值观念、职业道德、行为规范和准则的总和；是一个企业或一个组织在自身发展过程中形成的以价值为核心的独特的文化管理模式；是社会文化与组织管理实践相融合的产物；是企业在经营管理过程中创造的具有本企业特色的精神的总和。企业文化对企业成员有感召力和凝聚力，能把众多人的兴趣、目的、需要，以及由此产生的行为统一起来，是企业长期文化建设的反映。

（一）企业文化的影响

未来企业的竞争已经不再是资金、技术、人员、策略的竞争，而是文化的竞争。谁塑造了优秀的文化，拥有了最优秀的经营理念并且转化为企业行为，谁就成为市场竞争的优胜者。因此，对于创业的中小企业而言，要在竞争中求生存、求发展，同样必须关注企业文化的建设。

1. 企业文化是创业企业的生命之源

企业文化是企业的思想和灵魂，如果一个企业企业文化缺失或失效，那么即使企业拥有优秀的创业者、创业项目和必要的资金支持也未必能创业成功。有许多企业认为，企业文化只是企业发展成熟以后的事，初创企业不应分心去关注企业文化建设问题。但是，企业依赖于一定的文化价值而发展。营造一个适合本公司整体氛围和商业目标的企业文化将对企业的发展产生深远的影响，企业文化是创业企业的生命活动的源泉。

2. 企业文化是创业企业的指路明灯

初创时期的中小企业中存在着许多互不协调，不适应的因素，是多种文化交融和碰撞最为激烈的时期。如果这些不相容问题不加以调和，那么员工对企业的发展运营态势认识模糊，各行其是，企业难以实现高效的运行。此时，就需要通过企业文化的建设，使企业上下了解企业发展目标及发展规划，对员工的行为形成有力的指引，从而使员工明确企业发展方向，把自己的行为调整为与企业一致，增强企业凝聚力，提高企业的运转效率。

3. 企业文化是创业企业的人才保障

知识经济时代，人才成为创业企业成败的关键性因素。企业之间竞争的制胜法宝不再是凭借物质资源拥有数量，而是依靠企业所拥有的大量的优秀的有素质的人才队伍。在创业期，一方面通过员工的培训提高他们的思想和文化素质；另一方面通过以人为本的企业文化使企业员工拥有了和企业共同的追求与发展目标，使员工对企业产生归属感和自我实现感，加强了员工对企业的忠诚度。企业文化为创业企业发展企业之路奠定了人力资源的基石。

4. 企业文化是创业企业的形象大使

一个良好的企业形象不但有利于赢得消费者的信赖和社会的支持，而且能够吸引优秀人才的加入。企业文化如同一只无形的手，既能培养企业内部文化氛围，又能对外传播企业文化的精神。因此，只有企业文化才能担当塑造品牌、改善企业形象的重任。国际很多知名公司的品牌无不来自其背后具有辐射性企业文化的支持。因此，没有企业文化作为根基，企业就不可能基业长青。

（二）创业企业文化的培育思路

1. 明确奋斗目标

企业要在激烈的市场竞争中获得持续发展，就必须自始至终有明确的、可行的、现实的目标与追求。奋斗目标可以鼓励员工，调动创业期企业员工的积极性，让员工愿意全力为之奋斗。统一的思想和对企业文化建设形成的共识可以避免大家一开始就抵触或盲目的服从，造成企业文化执行不力，企业文化与管理、战略的脱节。

有了好的思路、好的决策，关键在于执行。实践证明，执行是一切正确决策的生命线。我们必须树立牢固的执行理念，增强执行力，努力抓好各项工作和重大决策的贯彻落实。创业企业只有通过不断的自我完善，抛弃不利于创业企业成长的习惯和管理方式，学习和利用有利于促进发展的管理方法和制度，在此过程中形成企业真正的文化。

2. 明确核心理念

初创企业的企业文化是在摸索形成的过程中，大可不必急于定论自己的企业文化，真正属于自己的企业文化形成还需假以时日。但企业必须要有自己的核心理念，没有核心理念的企业，就不知道自己要做什么，发展比较盲目。

一个明晰的愿景，应该是企业内外的一种宏观的承诺，使人们可以想到达成愿景后的收益，它应该具备以下特征：能够让人们激情澎湃，激励成员，调动他们的积极性，让人们觉得有点高远但又愿意全力为之奋斗。20 世纪 50 年代初，当索尼还是一家很小的企业的时候，它宣称的愿景是"成为最知名的企业，改变日本产品在世界上的劣质形象"。一个令人振奋不已的愿景很容易在股东、员工及其他相关利益者之间进行沟通、达成共鸣。如果没有规划共同愿景，战略管理很容易在一大堆项目的混乱选择中消失，各部门间的变革因为没有人知道变革将会带领企业走向何方而毫无意义。同时，在战略阶段中也要按愿景规划中所提到的，给员工一个足以让他们兴奋不已的蓝图。所以，战略管理要提出共同愿景，让员工和利益相关者提供帮助，甚至于牺牲短期利益。用愿景激发员工变革的欲望，这是战略管理必不可少的一环，也是初创企业创立企业文化的核心。

3. 构建个性企业文化

塑造企业文化不是从理论上去研究和讨论，而是将新的经营思想细化到企业生产中的每一个环节，通过不断的企业变革来实现员工最初的行为改变。企业从创立的第一天开始就需要把创新学习提升到重要地位，创新学习型文化可以打破故步自封、停滞不前的局面。实际上，企业文化也是处于不停的发展和变化中的。创业企业文化不断促进创业企业的变革，创业企业的变革过程也就是创业企业文化形成的过程。创新学习型企业文化就是要通过不断深入的企业变革，来实现企业价值理念和员工理念的融合。要不断奖励创新带来的成果，使员工能够体验因变革而带来的学习兴奋感和巨大力量，把工作看做一种"带薪的愉快学习过程"。企业不断变革、不断创新的历程，就是个性创业企业文化形成的过程。

总结训练

根据自身的知识和所学的内容，试着模拟创建一个公司。

（1）你的公司叫什么名字？

_____

（2）你的公司是什么经营类型？

_____

_____

_____

（3）请你阐述你的公司的经营思想。

_____

_____

_____

（4）请你说明你的公司的文化理念。

_____

_____

_____

（5）你的公司的产品和服务对象是什么？

_____

_____

_____

（6）你的公司的服务是什么？

_____

_____

（7）你要满足顾客哪些需求？

_____

_____

（8）你的经营策略是什么？

_____

_____

（9）你的公司可能存在哪些风险？

_____

_____

（10）你的公司的财务策略是什么？

_____

_____

专家提示

老鹰是世界上寿命最长的鸟类。它的寿命可达 70。但要活那么长的寿命，它在 40 岁时，必须做出艰难却重要的决定！当老鹰活到 40 岁时，它的爪子开始老化，无法有效地抓住猎物。它的喙变得又长又弯，几乎碰到胸膛。它的翅膀变得十分沉重，因为它的羽毛长得又浓又厚，使得飞翔十分吃力!

它只有两种选择:

(1) 等死。

(2) 历经一个十分痛苦的蜕变过程——150 天漫长的操练。

它必须很努力地飞到山顶,在悬崖上筑巢,停留在那里,不得飞翔。老鹰首先用它的喙击打岩石,直到喙完全脱落。然后静静地等候新的喙长出来。它要用新长出的喙,再把指甲一根一根地拔出来。当新的指甲长出来后,它便再把羽毛一根一根地拔掉。五个月以后,新的羽毛长出来了。老鹰开始飞翔,再过 30 年重生的岁月!

人生也是如此。唯有经历自我操练,脱去世俗缠累,重新迎接新的生命,方能再创生下一波璀璨的高峰。

课后思考

(1) 思考身边有哪些创业机会?自己面临的环境是怎样的?

_____

_____

(2) 创业要经历哪些阶段,每个阶段有什么特点,创业者应该如何解决各阶段的问题,重点关注什么问题?

_____

_____

(3) 创业过程中可能遇到哪些风险,你打算如何应对?

_____

_____

(4) 列举你知道的创业成功者,他们具有什么样的特征与经历?

_____

（5）选择一两家具有成长性的创业企业，了解它们在创业初期是如何进行市场拓展的，用到了哪些方法，采取了什么措施？

（6）资金的时间价值如何体现？

（7）创业团队的建设应该采取什么方式，选择团队成员的标准应该有哪些？

（8）企业文化的影响及培育思路是什么？

参 考 文 献

北京纽哈斯国际教育咨询有限公司.2009.Hi All求职快车.面试篇.北京:群言出版社

李肖鸣,朱建新,郑捷.2009.大学生创业基础.北京:清华大学出版社

麦可思研究院.2011.2011年中国大学生就业报告.北京:社会文献出版社

沈呈民,方占仁.2011.职业化教育基础.长春:吉林出版集团有限责任公司

宋景华,刘立功.2010.大学生职业发展与就业创业指导.北京:高等教育出版社

杨翠先.2007.新东方·这些道理没有人告诉过你:择业有道,面试有理.北京:群言出版社

杨梅英,熊飞.2008.创业管理概论.北京:机械工业出版社

张晓梅.2008.晓梅说礼仪.北京:中国青年出版社

郑永奎,王剑飞.2012.大学生求职指导实务.长春:吉林大学出版社